KLAUS RUSCHER
DR. RITA SEITZ
JULIA BÖTTGER

Marathon
Das Wettkampfbuch
Special: Trailrunning und Berglauf

Was Sie in diesem Buch finden

Vorwort 6

Einleitung 8

Praktische Marathon-Vorbereitung 10

Die 10 Gebote des Laufens 12

Trainingsinhalte – Trainingslehre light 18

Für die Praxis – Trainingsplanung 38

Steuerung der Trainingsbelastung 44

Die Faszination des Berglaufs 56

Bergeweise Läuferglück 58

Vorbereitung und Training 62

Sportpsychologie für Läufer und Läuferinnen 74

Mental fit ins Ziel! 76

Mentale Trainingsplanung und Leistungsmotivation 78

Sportpsychologische Wettkampfvorbereitung 82

Das brauchen Sie – Ausrüstung und mehr 88

Laufschuhe und -bekleidung 90

Nützliche Accessoires 96

Der Wettkampf 102

Wettkampfvorbereitung 104

Am Wettkampftag 107

Was laufende Frauen wissen sollten 112

Praktische Ergänzungen 114

Trainingspläne 116

Laufen bei jeder Temperatur 134

Ernährung 138

Bergmarathon Klassiker 145

Die besten Übungen für Läufer 146

Stichwortverzeichnis 156
Literatur und Links 158

Vorwort

Es gibt junge Läufer und alte Läufer, es gibt schnelle Läufer und langsame. Es gibt Läufer, die einfach nur für sich laufen, und Läufer, die sich messen wollen – die ein Ziel erreichen wollen und dieses Ziel heißt Marathon. Für diese Läufer haben wir dieses Buch geschrieben. Eine lange Strecke zu laufen, sei es ein Halbmarathon, ein Marathon oder vielleicht sogar ein Ultra, sei es in der Stadt oder am Berg, verlangt ein hohes Maß an Disziplin und Vorbereitung. Es verlangt ein gewisses Grundwissen darüber, wie sinnvolles Training aufgebaut werden muss, und ein Verständnis dafür, wie man sich mental auf den großen Tag vorbereiten kann. Egal, ob Sie sich alleine oder in der Gruppe durch den Trainingsplan gearbeitet haben – der Wettkampftag ist der Tag, an dem Sie die Früchte ernten wollen, die Sie in monatelanger Trainingsarbeit gesät, gegossen und gepflegt haben. Die Urkunde mit der Finisher-Zeit soll bezeugen, dass Sie sich durch monotone, lange Läufe gebissen haben, bei schlechtem Wetter nicht auf dem Sofa geblieben sind und auf den ein oder anderen Schokoriegel verzichtet haben. Es kommt darauf an, in jeder Hinsicht für den Wettkampf bereit zu sein und das Optimum der eigenen Möglichkeiten auszuschöpfen.

Im Rahmen des »Munich goes Marathon« haben wir schon viele hunderte Menschen auf dem Weg zum Marathon begleitet. Einige waren sehr erfahrene Läufer, die ihre Bestzeit verbessern wollten, andere blutige Anfänger, die mit einer Mischung aus Angst und Freude den Meldezettel ausfüllten. Ob alter Hase oder Neuling – eine Strecke von 42 km bringt jeden an seine Grenzen, manche auch ein kleines Stückchen weiter. Über die Jahre konnten wir wertvolle Erfahrungen sammeln und wissen heute, wo die größten Stolpersteine lauern und was in jedem Fall hilft.
Wir freuen uns, diese Erfahrungen an Sie weitergeben zu dürfen, und hoffen, dass Ihnen der ein oder andere Tipp dabei hilft, Ihr persönliches Ziel glücklich zu erreichen.

In diesem Sinne

Klaus Ruscher
Dr. Rita Seitz
Julia Böttger

VORWORT

Dr. Rita Seitz
Rita Seitz ist approbierte psychologische Psychotherapeutin und Psychoanalytikerin. Selbst mehrfache Marathonfinisherin, weiß sie um die Höhen und Tiefen, die mit dem Projekt Marathon verbunden sein können. In ihrer psychotherapeutischen Praxis behandelt sie häufig sportliche Menschen und Leistungssportler, im Rahmen des »Munich goes marathon« bereitet sie Läufer auf die Herausforderung vor.

Julia Böttger
Julia Böttger studierte Sportwissenschaften an der TU München. Seit dem Transalpine-Run 2007 von Oberstdorf nach Meran hat sie sich ganz dem Berglauf verschrieben und seitdem sehr erfolgreich an zahlreichen Ultratrailläufen teilgenommen. Erste Plätze beim Ultratrail Serra de Tramuntana (2010), dem Chiemgauer 100 (2008) und dem Corsica Coast Race (2009) waren für sie die Eintrittskarte in das Salomon Trailrunning Team International.
Wer Lust hat, mit Julia und anderen Trailfans zu laufen, kann sich beim monatlich stattfindenden Trailday ganz neuen Herausforderungen stellen. Mehr Infos unter www.trailschnittchen.de

Klaus Ruscher
Der Triathlon A-Trainer Klaus Ruscher ist Gründer und Inhaber von Sport Ruscher. Seit mehr als fünfzehn Jahren betreut der ehemalige Spitzentriathlet (u. a. Mitglied im Nationalkader, Topplatzierungen bei DM-Kurz und Mittel Anfang der Neunziger Jahre) Ausdauersportler in den Disziplinen Triathlon, Radfahren (Straße und MTB), Laufen und Skilanglauf trainingsmethodisch. Seit 2006 organisiert und leitet Klaus Ruscher die größte Marathonvorbereitung »Munich goes marathon« (MgM) mit jährlich knapp 300 aktiven TeilnehmerInnen. Zusammen mit seinem Team betreut Klaus Ruscher auch zahlreiche Firmenteams.

Einleitung

Einmal einen Marathon zu bewältigen ist ein Ziel, das für viele Läufer eine magische Anziehungskraft hat. Bei anderen löst alleine die Vorstellung, 42,195 km zu laufen, massive Erschöpfungszustände aus, bevor sie auch nur den ersten Kilometer zurückgelegt haben.

Mit diesem Buch wollen wir Ihnen zeigen, wie Sie sich auf den großen Tag vorbereiten können und welche Entscheidungen es schon zu einem sehr frühen Zeitpunkt zu treffen gilt. Am Anfang stehen deshalb die 10 Läufergebote, durch die Sie herausfinden sollen, welcher Weg für Sie der richtige ist und wie Sie Fallstricke in der langen Vorbereitung vermeiden können. Auch wenn Sie schon an diesem Punkt herausfinden, dass ein Marathon für Sie vielleicht doch nicht das geeignete Ziel ist, müssen Sie das Buch nicht gleich weglegen. Ein Marathon ist nicht das Maß aller Dinge – sinnvoll zu trainieren und Spaß bei der Sache zu behalten ist auch auf kurzen Distanzen ein erstrebenswertes Ziel. In diesem Buch finden Sie viele Hintergrundinformationen, die auch für einen reinen Genussläufer hilfreich sein können, es muss nicht gleich ein Marathon sein.

Ganz ohne Hintergrundwissen geht es nicht, deshalb werden wir Sie im Kapitel »Trainingslehre light« mit einigen trainingswissenschaftlichen Grundlagen vertraut machen, ohne dass Sie zu tief einsteigen müssen. Sie sollen verstehen, was Sie tun und warum Sie es tun. Sie müssen zwar kein eigenes Sportstudium absolvieren, um einen Marathon laufen zu können – vergessen Sie dennoch nicht, dass eine Marathonvorbereitung und Wettkampfteilnahme kein gesundheitsförderndes Ausdauertraining mehr ist! Ein Marathon ist Leistungssport, egal wie lange Sie dafür brauchen. Der Körper wird stark beansprucht und muss auf diese Belastung vorbereitet werden, damit aus einer sportlichen Herausforderung kein gesundheitsgefährdender Höllenritt wird.

Die jahrelange Erfahrung aus den Marathonvorbereitungsgruppen hat gezeigt, dass es mindestens genauso wichtig ist, die Psyche auf den großen Tag vorzubereiten, wie den Körper fit zu bekommen. Deshalb werden wir Ihnen in einem ausführlichen Kapitel zeigen, wie Sie mit Motivationstiefs umgehen können, wie Sie einem Einbruch während des Wettkampfs gegensteuern können und welche Rahmenbedingungen Sie sich unbedingt schaffen sollten, um krisenfrei durch die Vorbereitung und den Wettkampf zu kommen.

Ein eigenes Kapitel wird sich mit den immer populärer werdenden Berg- und Geländeläufen beschäftigen. Training und Ausrüstung müssen für einen Wettkampf im abgeschiedenen, unwegsamen Gelände anders gestaltet werden als bei einem Stadtwettkampf.

Einen Marathon erfolgreich und zufrieden zu finishen ist nicht nur eine Frage des rich-

EINLEITUNG

tigen Trainings, sondern auch der richtigen Helferlein. Wir zeigen Ihnen, welche sinnvollen und nützlichen Tools Sie einsetzen können, um das Risiko während des Wettkampfes so gering wie möglich zu halten. Wir können Sie an unseren Erfahrungen teilhaben lassen – laufen müssen Sie jedoch selbst, das kann Ihnen kein Buch ersparen.

Wir haben versucht, Ihnen eine gute Mischung aus Hintergrundinformationen und praktischen Tipps zusammenzustellen. Das Buch soll Ihnen dabei helfen, gut durch die Vorbereitung und vor allem auch gut durch den Wettkampf zu kommen, egal ob Sie sich für einen Straßen-, einen Landschafts- oder einen Bergmarathon entscheiden.

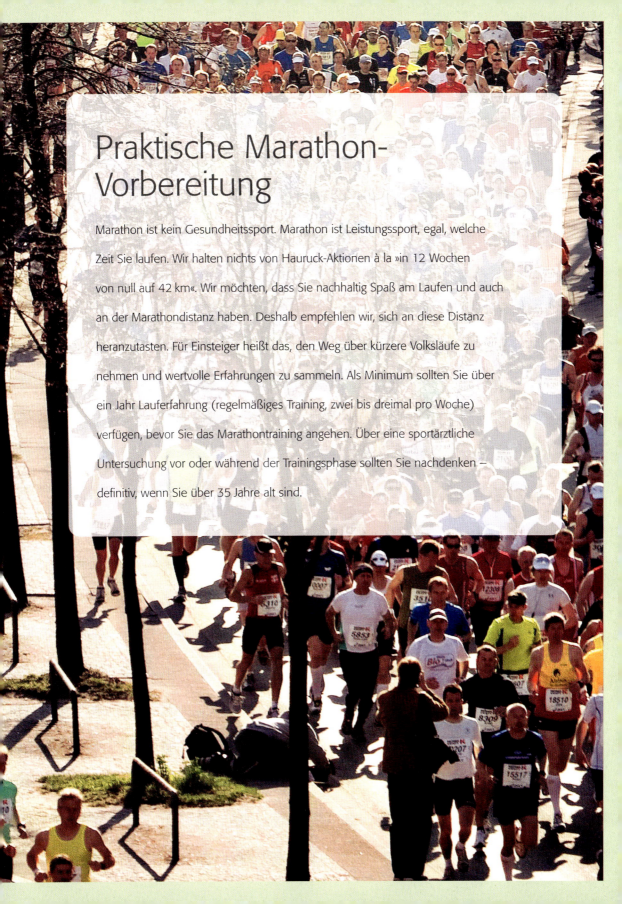

Praktische Marathon-Vorbereitung

Marathon ist kein Gesundheitssport. Marathon ist Leistungssport, egal, welche Zeit Sie laufen. Wir halten nichts von Hauruck-Aktionen à la »in 12 Wochen von null auf 42 km«. Wir möchten, dass Sie nachhaltig Spaß am Laufen und auch an der Marathondistanz haben. Deshalb empfehlen wir, sich an diese Distanz heranzutasten. Für Einsteiger heißt das, den Weg über kürzere Volksläufe zu nehmen und wertvolle Erfahrungen zu sammeln. Als Minimum sollten Sie über ein Jahr Lauferfahrung (regelmäßiges Training, zwei bis dreimal pro Woche) verfügen, bevor Sie das Marathontraining angehen. Über eine sportärztliche Untersuchung vor oder während der Trainingsphase sollten Sie nachdenken – definitiv, wenn Sie über 35 Jahre alt sind.

Die 10 Gebote des Laufens

Sie stehen am Start Ihrer »Laufkarriere«, planen den ersten Marathon oder bereiten sich gerade auf Ihren größten Erfolg vor? In beiden Fällen stellt sich die Frage nach dem Was, Wie, Wieviel? Durch einschlägige Magazine sind Sie mehr oder minder gut informiert? Freunde und Bekannte erzählen von ihren eigenen Erfahrungen und stehen Ihnen mit gut gemeinten Ratschlägen zur Seite?
Trotzdem bleibt offen, wie Sie alle Mosaiksteinchen zusammenfügen sollen, damit Sie am Ende Spaß an Ihrem Hobby Laufen haben und Ihren ersten Marathon erfolgreich und glücklich finishen können. Unabhängig von Leistungsstand, Erfahrung und sogar Sportart bilden die folgenden »10 Gebote« eine hilfreiche Basis für Ihr Training: Bei der Gestaltung Ihres individuellen Trainingsplanes wie bei der Interpretation der für Sie erstellten Trainingsvorgaben, bei Entscheidungsfragen über das Für und Wider einer Trainingsmethode, der Ursachensuche für eine anhaltende Leistungsstagnation oder einfach nur bei Unlust werden Ihnen diese Gebote ein guter Leitfaden sein.

DIE 10 LAUF-GEBOTE

1. Individuelle Zielsetzung
2. Persönlich abgestimmtes Training
3. Aufeinander aufbauende Trainingsinhalte
4. Wirksames Training – Trainingsbereiche
5. Steigerungen im Training
6. Variantenreiches Training
7. Der Blick über den Disziplin-Tellerrand
8. Optimales Verhältnis von Belastung und Regeneration – die Rolle der Regeneration
9. Planvolles Training richtig interpretiert
10. Spaß und Freude am Training

1. Vom Grund fürs Laufen bis zur eigenen Zielsetzung

»Wohin soll der Kapitän das Schiff steuern, wenn er das Ziel nicht kennt?« oder »Motivation entsteht durch positive Reflexion der Erwartungen in eine Sache!«. Klingt logisch, wird aber von vielen Läufern vergessen. Im Fokus steht jeweils die Notwendigkeit, das eigene Ziel zu definieren bzw. die eigenen Erwartungen abzuklopfen.

Schritt 1: Warum laufen?

Nehmen Sie sich ein paar Minuten Zeit und denken Sie über das Warum und Wieso nach. Finden Sie zunächst den Grund, warum Sie sich ausgerechnet für das Laufen entschieden haben. Achten Sie darauf, dass der Grund wirklich persönlich ist und etwas mit dem Laufsport als solches zu tun hat.
Antworten wie, weil: »… mein Partner läuft«, »… ich abnehmen muss« oder »… mein Arzt mir dazu rät«, sollten Sie vermeiden.

Sie haben keinen direkten Bezug zum Laufsport, sondern »benutzen« das Lauftraining als Mittel zum Zweck. Mit dieser Einstellung tappen Sie früher oder später in die Motivationsfalle.

Laufen Sie des Laufens halber. Laufen Sie, »…weil es einfach Spaß macht«, »…weil man dabei entspannen kann«, »…wegen des Naturerlebnisses«, »…weil es mir einfach guttut« – aber natürlich auch »…weil ich einmal einen 10-km-Lauf, Halbmarathon oder Marathon absolvieren möchte«, »…meine Bestzeit auf xy verbessern möchte« etc.

Schritt 2: Finden Sie Ihr Ziel

Nachdem Sie nun wissen, warum Sie laufen, sollten Sie sich ein Ziel setzen, das mit dem Grund übereinstimmt. Setzen Sie sich beispielsweise keinen Marathon als Ziel, wenn Sie wegen des Stressabbaus laufen möchten. Oder, wenn Sie mit Ihrer persönlichen 10-km-Bestzeit vor Augen laufen, werden Sie das Naturerlebnis ab und zu vernachlässigen.

Die Formulierung des persönlichen Ziels sollte immer anspruchsvoll, aber in absehbarer Zeit erreichbar sein. Für hohe Zielsetzungen sind Zwischenziele notwendig. Die Häppchen, die Sie bewältigen müssen, werden dadurch überschaubarer und weniger beängstigend.

Wenn Sie zum Beispiel in acht Wochen beim Training 20 km schaffen wollen, können Sie sich das Etappenziel setzen, die Distanz jede Woche um zwei km zu erhöhen. So bleibt der Berg überschaubar.

Die Gründe für das Laufen können ebenso vielschichtig sein wie die Ziele. Ein Ziel anzupeilen, bedeutet nicht, verbissen zu werden. Selbstverständlich sollen Sie beim Marathontraining auch Spaß haben. Es funktioniert auch, genussvoll zu laufen und trotzdem die ein oder andere »harte« Einheit zu absolvieren.

Ein klares Ziel definiert zu haben, kommt richtig zum Tragen, wenn Sie ein Motivationstief haben. Rufen Sie sich spätestens dann wieder ins Gedächtnis, warum Sie eigentlich laufen und was Sie damit erreichen wollen. Mit Ihrem Ziel vor Augen können Sie auch einen Motivationsknick leichter überstehen.

Wie das Leben unterliegt auch das Laufen einer ständigen Entwicklung. Im Laufe der Zeit ändern sich Ihre Ansprüche und die Einstellung zum Laufsport. Passen Sie Ihre Erwartungen und Ziele an. Dann werden Sie zum Lebensläufer!

2. Persönlich abgestimmtes Training

Wie das Trainingsziel ist auch das Training selbst eine höchst persönliche Angelegenheit. Der Leistungsvergleich ist eine Angelegenheit für den Wettkampf oder das wettkampforientierte Training.

Falls Sie in einer Trainingsgruppe trainieren: Vermeiden Sie ständige Vergleiche oder das unkritische Kopieren von Trainingsmethoden. Finden Sie Ihren eigenen Trainings-Mix und stimmen Sie diesen auf Ihre Konstitution und Bedürfnisse ab. Es gibt unzählige Ursachen dafür, dass sich nicht jeder Läufer mit dem gleichen Training identisch entwickelt. Biologisches Alter, Geschlecht, Trainingsalter, Talent, Tagesform und Alltagsbelastung sind nur einige der Faktoren, die über Ihre Bestzeit entscheiden. Mit Training können Sie einiges erreichen, aber eben nicht alles.

Falls Sie überwiegend alleine trainieren: Hetzen Sie nicht immer einer neuen Bestzeit auf Ihrer Hausstrecke hinterher. Nehmen Sie sich vor dem Training einen entsprechenden Inhalt vor und befreien Sie sich währenddessen vom latenten Wettkampfdruck. Sie müssen die Spannung, die im Wettkampf wichtig ist, nicht in jeder Trainingseinheit aufbauen. Werden Sie nicht zum Trainingsweltmeister.

3. Aufeinander aufbauende Trainingsinhalte

In der Schule haben Sie sicher mit dem kleinen Einmaleins begonnen und die komplizierten Gleichungen erst in höheren Klassen gelöst. Ziehen wir den Vergleich zu Ihrem Körper: Lernen Sie – besonders zu Beginn – erst die Basisfertigkeiten. Dazu gehören *zunächst* Stabilität, Koordination und Grundlagenausdauertraining. *Später* folgen dann spezifisches Kraft-, Technik- und Tempotraining. Wenn Sie anfangs kein gutes Fundament gießen, bauen Sie alles Folgende nur auf Sand. Verletzungen und Leistungseinbrüche sind die Konsequenzen. Schaffen Sie sich gerade zu Beginn Ihres Trainings oder auch zu Beginn eines neuen

Trainingsgruppen helfen, am Ball zu bleiben.

Trainingszyklus auf einen Wettkampf hin eine breite Basis der Belastbarkeit.
Das Maß, wie viel Sie sich belasten und wie stark Ihr Körper belastbar ist, muss unbedingt im Gleichgewicht sein. Überfordern Sie sich nicht durch zu hohe Umfänge und zu harte Trainingseinheiten. Nur bei einem Gleichgewicht zwischen Belastbarkeit und Belastung werden Sie sich sportlich weiterentwickeln, ohne schwere Verletzungen zu riskieren.

Training nach Herzfrequenz

Anteil der HFmax	Trainingsinhalt	Trainingsbegriff
70–75 %	lange, lockere Läufe	DL1
75–83 %	mittellange Läufe	DL2
83–88 %	zügige Läufe	DL3
88–92 %	Tempodauerläufe	TDL

4. Wirksames Training

Es wäre sehr schade, wenn Sie trotz fleißigem und regelmäßigem Training aufgrund der missverstandenen Belastungsgrößen (Umfang, Intensität) kaum einen Fortschritt erzielen würden. Modernes Ausdauertraining orientiert sich an Herzfrequenzen und Geschwindigkeit. Aufgrund der einfacheren Messbarkeit hat sich im Freizeitsport die Herzfrequenz-Kontrolle (HF) durchgesetzt. Für unterschiedliche Trainingsziele stehen unterschiedliche Belastungs- oder Herzfrequenzbereiche zur Verfügung.

Prozentual an der maximalen Herzfrequenz (HFmax) gemessen, geht man von den in der linken Tabelle angegebenen Werten aus.

5. Steigerung der Trainingsbelastung

»Wer immer das tut, was er kann, bleibt immer das, was er ist.« Lassen Sie sich diesen Satz von Henry Ford ein paar Augenblicke durch den Kopf gehen. Er wird uns in den verschiedenen Kapiteln immer wieder begegnen.
Nehmen wir beispielsweise einmal an, Sie wollen Ihre Leistung steigern. Was bedeutet das für Ihr Training? Eine körperliche Reaktion auf einen Trainingsreiz ist erst Ermüdung und dann ein Anpassungsprozess. Besonders (Wieder-)Einsteiger kennen das Gefühl, sich nach den ersten Trainings »wie gerädert« zu fühlen. Die kommenden Trainings dagegen fallen zunehmend leichter. Der Grund dafür: Der Körper passt sich einer ungewohnten Belastung in seiner Struktur (beispielsweise Muskulatur) und den Stoffwechselabläufen (beispielsweise Energieversorgung) an. Nur wenn Sie neue Reize setzen, wird Ihr Körper sich weiterentwickeln. Das funktioniert hinsichtlich Intensität und Umfang allerdings nur in einem bestimmten Rahmen. Das heißt, Sie sollten Ihr Training schrittweise steigern, z. B. den Kilometerumfang um 5 bis 10 Prozent pro Woche. Ebenso wichtig ist eine Unterbrechung des Trainingszyklus nach spätestens drei Monaten, um sich eine Regenerationszeit en bloc

zu gönnen. Anschließend können Sie das Training wieder aufnehmen – Sie beginnen dann zwar erneut mit dem Basistraining, aber auf einem höheren Niveau.

6. Variantenreiches Training

Variieren Sie Ihr Training hinsichtlich Intensität und Umfang. Stellen Sie sich einen Trainingsplan mit einem gesunden Mix aus allen Trainingsinhalten zusammen. Ein völlig neues Gefühl kann sich z. B. einstellen, wenn Sie in Ihren normalen Trainingsalltag Trail- oder Bergeinheiten einbauen. Dazu auch »Gebot 7«.

7. Blicken Sie über den Disziplin-Tellerrand

Um Verletzungen und Eintönigkeit zu verhindern, sollten Sie – besonders im allgemeinen Grundlagenteil Ihres Trainings – andere Sportarten integrieren. Verwandte Sportarten helfen auch, um bei Motivationslöchern oder nach Verletzungspausen wieder in ein effektives Lauftraining zu finden. Durch abwechslungsreiches Training beugen Sie zudem einseitigen Belastungen und damit Verletzungen vor.

Im Sommer eignen sich besonders Radfahren und Schwimmen, im Winter Spinning, Skilanglaufen oder Aquajogging. Egal, für was Sie sich entscheiden – wichtig ist es, in Bewegung zu bleiben und den Körper auf andere Art zu belasten. Mehr darüber finden Sie im Unterpunkt über alternative Trainingsformen.

8. Regeneration

Für ein gutes Training ist die Regenerationszeit mindestens genauso wichtig wie die Trainingseinheiten selbst. Eine goldene Regel lautet: Nicht das Training macht Sie schneller und stärker, sondern die Pause. Die linke Tabelle gibt Ihnen gewisse Richtwerte, wie lange Sie sich nach bestimmten Trainingseinheiten regenerieren sollten. Die Länge der Erholungszeit hängt von der Höhe der Belastung ab.

Durchschnittliche Regenerationszeiten

Trainingseinheit	Intensität / Pause
Lockerer Dauerlauf (DL1)	→ 70–75 % der HFmax → 24 h Pause
Mittlerer Dauerlauf (DL2)	→ 75–83 % der HFmax → 36 h Pause
Zügiger Dauerlauf (DL3)	→ 83–88 % der HFmax → 48 h Pause oder leichtes Training im DL1
Tempodauerlauf (TDL)	→ 88–92 % der HFmax → 72 h Pause oder Training im DL1 oder 2

9. Planvolles Training

Durchdenken Sie Ihr Training, aber unbedingt auch den Alltag, in den Sie es integrieren müssen. Ein Trainingsplan ist relativ schnell erstellt, die Durchführung aber nicht immer leicht zu realisieren.

Ein regelmäßiges und dauerhaftes Training setzt voraus, dass es zwangfrei in Ihren Alltag passt. Opfern Sie keine »heiligen« Familienzeiten oder Zeiten mit Ihren Freunden! Planen Sie keine Trainingseinheiten zu Uhrzeiten, die Sie unter Umständen nur ein- bis zweimal wöchentlich realisieren können! Nur so werden Sie auch langfristig motiviert bleiben.

Haben Sie sich dann einen Trainingsplan erstellt oder erstellen lassen, machen Sie sich nicht zu dessen Sklaven. Ein Plan ist so gut, wie er sich anpassen lässt. Er dient nicht der strikten Erfüllung, sondern als Basis und Übersicht, muss individuell geändert und an äußere Umstände und Formschwankungen angepasst werden können. Je besser Sie planen, desto besser können Sie umstellen, ohne Ihr Ziel aus den Augen zu verlieren.

TRICKS FÜR SCHLECHTE TAGE

- Verkürzen bzw. entschärfen Sie Ihr Training ab und an – geben Sie sich mit weniger zufrieden.
- Bauen Sie Trainingsvarianten ein.
- Genießen Sie ein Schlechtwettertraining als Herausforderung, es trotzdem (!) geschafft zu haben.
- Suchen Sie sich einen Trainingspartner oder eine Trainingspartnerin.
- Für die harten Fälle: Gehen Sie spazieren und anschließend duschen – da Sie die Dusche nach dem Training mental »abgespeichert« haben, wird das schlechte Gewissen bei dieser einen entfallenen Einheit ein Auge zudrücken. Es ist immer noch besser, spazieren zu gehen, als die Einheit ganz zu streichen.

10. Haben Sie stets Freude beim Laufen

Wie so oft kommt das Wichtigste zum Schluss! Nicht jedes Training bedeutet die überschwängliche Ausschüttung wild gewordener Glückshormone. Der innere Schweinehund ist nicht immer leicht zu überwinden. Gerade bei unwirtlichem Wetter, Stress im Alltag oder Zeitmangel ist die Versuchung groß, das Training einfach ausfallen zu lassen.

Falls Sie dauerhaft unter Lustlosigkeit leiden, sollten Sie Ihr Training und Ihre Ziele überdenken. Ständiger Zwang nimmt Ihnen die Freude am Laufsport.

Spielerische Elemente helfen gegen Monotonie.

Trainingsinhalte – Trainingslehre light

Es geht in diesem Buch nicht um die Aufzählung aller wissenschaftlich und empirisch belegten Fakten des Ausdauertrainings. Dennoch sollten wir uns an dieser Stelle ein wenig um die Theorie bzw. die Grundlagen der Trainingslehre kümmern. Auf dieser Basis können Sie die Zusammenhänge zwischen der Trainingsplanung und deren praktische Umsetzung besser verstehen.

Ganz am Anfang sollte demnach die Frage stehen: Was soll ich überhaupt trainieren, was beeinflusst meine sportliche Leistung? Im Laufsport spricht man dabei gemeinhin von Leistungsvoraussetzungen.

Die Einflussfaktoren

Ob Kondition, Talent, Koordination oder äußere Bedingungen wie das Wetter – alle Einflussfaktoren stehen in direkter Verbindung und beeinflussen sich gegenseitig. Unabhängig von individuellem Anspruch, Erwartungen und Zielen beim Laufen »stolpert« man früher oder später darüber. Die Kombination aller Elemente ergibt schließlich das entsprechende Leistungsniveau.

Je nach Laufstrecke, Leistungsprofil, Wettkampfbedingungen und vor allem individuellen Voraussetzungen müssen sie unterschiedlich gewichtet werden.

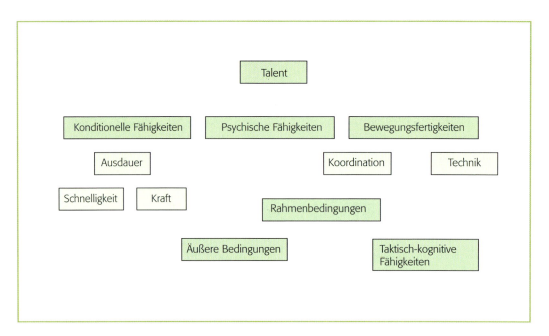

Die klassische Unterteilung der Einflussfaktoren

Die Gewichtung der Einflussfaktoren

Wie ein Schirm spannt sich über alles das sogenannte Talent. Es steht für die anatomisch-genetischen Voraussetzungen. Sehr häufig hat sich bei Ausdauersportlern die Auffassung eingebrannt, man könnte mit dem besten Training, der teuersten Ausrüstung oder ausgefallenen Ernährungstricks jedes Leistungsniveau erreichen. Die Ernüchterung folgt nach Monaten und Jahren intensivsten Trainings und führt sehr häufig zu Frustration und Trainingsabbruch. Es stimmt, dass man alles erreichen kann, wenn man nur will. Die Aussage stimmt aber nur dann, wenn man keinen absoluten Maßstab ansetzt. Wichtig ist der eigene »Leistungskorridor«. Innerhalb dieses Rahmens kann man die Grenzen ausloten, darüber hinaus kommt man jedoch nicht – das zu akzeptieren fällt nicht immer leicht, hilft aber, die richtigen Ziele zu setzen.

Nicht jeder Mensch ist mit der gleichen Kombination aus Muskulatur, Größe, Gewicht, Stoffwechsel, Bewegungsfähigkeit und mentaler Stärke auf die Welt gekommen. Selbst wenn man anatomisch-genetisch gut ausgestattet ist, spielen immer noch sekundäre Faktoren wie (Trainings-)Alter, Zeitbudget, körperliche Belastbarkeit sowie die berufliche und private Situation eine wichtige Rolle.

Der Leistungsgedanke hat sich im Breitensport wie auch in anderen gesellschaftlichen Zusammenhängen etwas verselbstständigt. Absolute Leistungsvergleiche sollten aber dem Hochleistungs- und Spitzensport vorbehalten sein. Sehen Sie die persönliche Jagd nach Bestzeiten und Leistungsgrenzen immer individuell und im Rahmen Ihrer Möglichkeiten.

Es ist wichtig, die eigenen Grenzen auszuloten, genauso wichtig ist es aber auch, sie zu akzeptieren. Es gibt keine besseren und schlechteren Läufer, sondern nur schnellere und weniger schnelle. Denken Sie an das erste der 10 Läufergebote – Grund und Ziele bestimmen letztendlich auch die Gewichtung und die Kombination des Trainings.

Athletiktraining für Ausdauersportler

Vielleicht sind Sie überrascht, in einem Ausdauertrainingsbuch für Läufer und Läuferinnen an erster Stelle über »Athletik« zu lesen. Wenn wir den Begriff »Athletik« in unserem Zusammenhang verwenden, sprechen wir von einem Mix unterschiedlicher muskulärer Fähigkeiten.

Marathonläufer sind auch während des Trainings viele Stunden unterwegs und führen sehr gleichförmige, zyklische Bewegungen aus. Deshalb ist es nicht nur im Wettkampf wichtig, eine konstant gute Bewegungsausführung zu erreichen. Dauerhaft einseitige Belastungen führen schon während der Vorbereitungszeit leicht zu Verletzungen.

Wie wichtig sind Kraft- und Bewegungstraining?

Über viele Jahre ist die Rolle des reinen Ausdauertrainings im Vergleich zum Krafttraining zu sehr in den Vordergrund gestellt worden. Ausdauertraining galt als grundlegende Basis. Die Komponenten Kraft, Koordination usw. waren als Ergänzung gedacht. Viele Läuferinnen und Läufer trainierten gleichförmig und ausschließlich umfangsbetont, spulten also ihre Kilometer ab. Ihr Fundament – die Elastizität und Bewegungsfähigkeit der Muskeln – wurde vernachlässigt. Das für ein erfolgreiches Training notwendige Gleichgewicht von Belastung und Belastbarkeit war gestört. Als Folge kam es zu Leistungsstagnation und Überlastungen.

Athletik als Basis für Ausdauer

In der Trainingswissenschaft setzt sich die Überzeugung von der Athletik als Basis für eine gute Ausdauerleistung immer mehr durch. Wir können das durch unsere jahrelange Praxis nur bestätigen. Die Versuchung, immer nur einen zyklischen Bewegungsablauf zu trainieren, ist groß, die möglichen Folgen sind jedoch gravierend. Neue und ungewohnte Bewegungen fallen schwer, weshalb auch variantenreiche Bewegungen vermieden werden. Die Konsequenz: Jede Form der Veränderung im Bewegungsablauf kostet überproportional viel Energie. Selbst Tempowechsel, variable Untergründe und hügeliges Gelände stellen zu einseitig trainierte Läufer und Läuferinnen vor schier unlösbare Aufgaben.

Neben der einseitigen Belastung ist auch eine zu schnelle Steigerung der Umfänge, wie sie insbesondere Einsteiger gerne machen, riskant. Ein untrainierter Körper muss zunächst trainierbar gemacht werden. Stellen Sie sich das Fahrwerk, die Karosserie und die Bremsen eines Kleinwagens vor, in den Sie einen 500-PS-Motor einbauen. Die Sache wird vermutlich nicht lange gut gehen. Wie bei einem Auto sollten auch in Ihrem Körper alle Komponenten zusammenpassen. Um langfristig leistungsfähiger zu werden und Verletzungen zu vermeiden, müssen Sie jede einzelne Komponente gezielt trainieren.

Muskelklasse statt Masse

Bei Läufern kommt es nicht darauf an, möglichst große Muskeln zu entwickeln, sondern die Kraft so aufzubauen, dass sie möglichst gezielt wirkt. Wie funktioniert das?

- Zunächst brauchen Sie Stabilität: einen Fixpunkt, um den herum Sie Ihre Kraft- und Ausdauerfähigkeiten wirken lassen können – ein Widerlager. Stellen Sie sich vor, Sie laufen im Sand und dann wieder auf der befestigten Straße. Wo wird Ihre eingesetzte Kraft besser übertragen? Dieses Widerlager, dieser Anker, ist Ihre Körpermitte, stabilisiert durch Rumpf-, Becken- und Schultermuskulatur. Nur ein stabiler Körperkern lässt Ihren Motor effektiv arbeiten.
- Dann müssen die Muskeln, die Sie haben, besser »angesteuert« werden. Wir sprechen dabei von intramuskulärer Koordination. Sie lernen also, die vorhandene Muskelkraft besser auszuschöpfen. Ihr Körper besteht aber nicht nur aus einem Muskel, sondern aus einer Vielzahl von Muskeln, die gut zusammenarbeiten müssen. Die intermuskuläre Koordination beschreibt das Zusammenspiel der Bewegungsmuskeln.
- Weiter entscheidend ist die Flexibilität, also Ihre Beweglichkeit (= Bewegungsausmaß). Zwar werden im Laufsport (z. B. im Gegensatz zum Turnen) keine endgradigen Bewegungen ausgeführt, dennoch sind elastische Muskeln leistungsfähiger. Oder umgekehrt: Durch andauerndes einseitiges Training und durch schlechte Alltagshaltung verkürzte Muskeln sind weniger leistungsfähig, aber verletzungsanfällig.

Stabilität, Koordination und Flexibilität: Wenn diese drei Grundvoraussetzungen gut ausgeprägt sind, kann man die komplexe laufspezifische Vortriebskraft effektiv trainieren. Wir sprechen in diesem Zusammenhang von muskulärer Dynamik.

Funktionale Kraft

Im Athletiktraining geht es also um das Training der funktionalen Kraft, d. h. des Zusammenspiels von Koordination der Muskeln und Stabilität des Körperkerns. Nur wenn die stabilisierende und die antreibende Kraft zusammenwirken, ist es möglich, eine so komplexe Bewegung wie das Laufen effizient auszuführen. Unkoordinierte, unstabilisierte Läufer und Läuferinnen kompensieren ihre Schwäche mit erhöhtem Energiebedarf und höherer Belastung des passiven Bewegungsapparates. Die Folge sind Bänder- und Knochenverletzungen.

Erinnern Sie sich noch an Fußballer, die mit Gummibändern und Physiobällen trainierten? Jürgen Klinsmann und Oliver Schmidtlein setzten das »functional training« bei der Fußball-WM 2006 zum ersten Mal in großem Stil um – und der Erfolg gab ihnen Recht. »Functional training« hat sich inzwischen disziplinübergreifend etabliert.

Wir möchten Ihnen zeigen, wie Sie von dieser Methode im Marathontraining profitieren. Der überwiegende Teil des Krafttrainings sollte aus komplexen Übungen bestehen, d. h. über mehrere Gelenke ausgeführt werden. Damit steigern Sie die koordinative Komponente und schulen gleichzeitig Ihre Körperspannung.

Funktionelles Krafttraining, aber wie?

Coretraining
Stabilität der Körpermitte für bessere Kraftübertragung und zur Verletzungsprophylaxe
- Für Läufer sind insbesondere die Bauch- und Rückenmuskulatur, die Hüftabduktoren (= -abspreizer) sowie die Hüftrotatoren und die Schultermuskulatur wichtig.
- Dieses Training sollten Sie immer begleitend zum Lauftraining durchführen – als Abrundung drei- bis viermal pro Woche.

Training der Koordination
d. h. des Zusammenspiels der Muskeln untereinander; damit verbessert sich auch die Lernfähigkeit komplexer spezieller Bewegungen.
- Ausschalten von Störfaktoren = Gleichgewicht
- Schulung der Bewegungssensoren = Rezeptoren, die die Informationen an das motorische Zentrum weitergeben
- Komplexe Bewegungsformen
- Das Koordinationstraining steht schwerpunktmäßig immer zu Anfang einer Trainingsperiode (ein- bis zweimal pro Woche) und wird durch das Techniktraining ergänzt; während der umfangbetonten Haupttrainingsphase sollte ein Koordinationstraining im Sinne der Wiederholungsreize alle zwei bis drei Wochen durchgeführt werden (z. B. in den Entlastungswochen).

Schulung der Beweglichkeit
Dieses Training sollten Sie immer begleitend zum Lauftraining durchführen – als Abrundung zum Lauftraining drei- bis viermal pro Woche.

Im Sinne der muskulären Dynamik
(Schrittlänge, Tragen des Körpergewichtes über längere Zeit)
- Sprunggelenksmuskulatur
- Beinbeuger und -strecker
- Hüftbeuger und -strecker
- Arm- und Schultermuskulatur (möglichst komplexe Übungen)
- Dieses Training findet im Zuge der Technikverbesserungen seinen Schwerpunkt eher zu Beginn einer Marathonvorbereitung (ein- bis zweimal pro Woche), sollte aber als Wiederholungsreiz auch während der Haupttrainings absolviert werden (eine Einheit alle zwei bis drei Wochen).

TRAININGSINHALTE – TRAININGSLEHRE LIGHT

PRAKTISCHE MARATHON-VORBEREITUNG

Von einer guten Koordination zur besseren Lauftechnik

Laufen kann prinzipiell jeder. Dennoch ist eine gut ausgeführte Laufbewegung mit all ihren Komponenten hinsichtlich Stabilität und Vortrieb Voraussetzung für ein dauerhaft gesundes Lauftraining.

Eine saubere Technik auf der Basis des individuellen Laufstils ist wichtig. Jeder Läufer hat andere Voraussetzungen (Körpergröße, Proportionen etc.), sodass nicht von einem einzig richtigen Laufstil gesprochen werden kann. Beispielsweise können sich bei »Späteinsteigern« über die Jahre träge Bewegungsmuster eingeschlichen haben oder

Merkmale eines guten Laufstils

24

Läufer haben früher vielleicht andere Sportarten praktiziert. All das beeinflusst den Laufstil. Dennoch kann man an einigen Stellschrauben drehen, um den individuellen Laufstil zu verbessern. Technische Verbesserungen lassen sich auch noch im fortgeschrittenen Athletenalter erzielen. Die Basis dafür bildet eine gute allgemeine Koordination.

Koordination und Technik: Begriffsklärung

Koordination ist die allgemeine Bewegungsfertigkeit, d. h. ein optimiertes und steuerbares Zusammenspiel der einzelnen Muskeln bzw. Muskelgruppen. Eine gute Koordination und Stabilität sind die Basis für das Erlernen einer sauberen Technik.

Technik ist zunächst der biomechanisch optimierte Bewegungsablauf einer Sportart. Beim Laufen handelt es sich um einen zyklischen Bewegungsablauf, der Ähnlichkeiten mit einem Rad hat.

Die wichtigsten Merkmale einer guten Lauftechnik

Ob schneller Lauf, Sprint oder Langstreckenlauf – der Unterschied liegt nicht in den Merkmalen, sondern in der Ausprägung der einzelnen Bewegungsphasen! Die Ausprägung der einzelnen Technikmerkmale ist ebenso abhängig von der Laufgeschwindigkeit und damit vom Leistungsvermögen. Sinn und Ziel kann es sicher nicht sein, dass jeder, unabhängig vom Lauftempo, das gleiche Bewegungsausmaß erlangt. Ziel soll es vielmehr sein, dass man seine Lauftechnik auf der Basis seines individuellen Leistungsvermögens verbessert.

Die aufrechte Kopfhaltung

Tragen Sie den Kopf aufrecht – so vermeiden Sie, mit dem Oberkörper zu weit nach vorne (Schrittverkürzung, höhere Aufprallkraft und damit Bremswirkung) oder zu weit nach hinten (Bremswirkung beim Fußaufsatz) zu fallen. Blicken Sie 10 bis 15 m in Laufrichtung nach vorne – ein guter Anhaltspunkt.

Eine gute Körperkernstabilität

… verhindert in jeder Stützphase das Wegknicken der Hüfte zur Seite und den damit verbundenen Kraftverlust. Ebenso ist die Hüfte das Widerlager eines guten Abdrucks.

Der richtige Fußaufsatz

Darüber wurde schon in zahlreichen Büchern philosophiert. Generell verlagert sich der Fußaufsatz abhängig von der gelaufenen Geschwindigkeit, bei höheren Tempi zunehmend nach vorne, bei langsamen Tempi nach hinten (vergleichen Sie einen Sprinter mit einem Ultramarathonläufer).

- Das Laufen auf dem Vorfuß hat den Vorteil der elastischeren Sprunggelenksbewegung, aber verursacht eine höhere Belastung der Wadenmuskulatur und damit auch der Achillessehne – durch die höheren Stützzeiten beim langsamen Trab eine sehr hohe Beanspruchung. Ebenso ist das Quergewölbe im Vorfuß oftmals zu stark belastet.

- Das Laufen auf der Ferse dagegen bremst den Läufer und führt zu höheren Stoßbelastungen.

Wichtig: Achten Sie darauf, dass Ihr Körperschwerpunkt über dem ersten flächigen Fußkontakt liegt. Dabei ist das Knie gebeugt und kann die Belastung muskulär abdämpfen. Für die Langstreckenläufer bietet sich ein erster Fußkontakt leicht auf dem Außenrand des Mittelfußes bis leicht dahinter an. Dabei kann der Fuß die natürliche Pronation (Einrollen des Sprunggelenkes nach innen) ebenso als Stoßdämpfung nutzen. Diese Technik lässt sich auch über lange Strecken ausführen.

»Gelernte« Vorfußläufer (Leichtathleten, Tänzer, Turner) werden intuitiv das Vorfußlaufen praktizieren. Quereinsteiger sollten sich nicht unvorbereitet und unkritisch zum Vorfußlaufen umerziehen lassen.

DER GUTE LAUFSTIL

Ein passiver Laufstil scheint vielleicht wesentlich kraftsparender. Denn der ideale Laufstil kostet Kraft und strengt gehörig mehr an. Ein technisch schlechter Läufer empfindet einen sauberen Laufstil aufgrund seiner fehlenden Koordination und Kraft als deutlich belastender. Ziel ist es, über kleine Schritte und das Training von Kraft, Stabilität und Koordination auch die Technik zu verbessern. Ein guter Laufstil macht Sie nicht nur schneller, sondern hilft Ihnen auch, Verletzungen zu vermeiden.

Eine gut koordinierte und trainierte Fußmuskulatur ist die Voraussetzung für gesundes Laufen. Entsprechendes Training des Lauf-Abc's und regelmäßiges Barfuß laufen führen fast automatisch zu einer elastischen und effektiven Fußtechnik.

Die aktive Abdruckphase

Der Satz »man läuft nach hinten und nicht nach vorne« beschreibt die Notwendigkeit einer aktiven, bewussten Abdruckphase. Dazu sind eine gute Hüftstreckung, ein impulsiver Abdruck (mit Impuls in die Laufrichtung – nicht nach oben) und eine anschließende Schwungphase des Unterschenkels nach oben (Ferse Richtung Gesäß) notwendig. Nur so ist in der anschließenden Schwung- und Flugphase ein guter Kniehub möglich. Fehlt die hintere Schwungphase, verflacht der Schritt. Ein dann einseitig betonter Kniehub führt zum bremsenden Fersenlauf.

Die Rolle der Arme

Sehr häufig unterschätzt ist die Rolle der Arme. Die Arme schwingen im Rhythmus der Beine locker und aktiv aus den Schultergelenken. Die Arme sind zwischen 80 bis 90 Grad angewinkelt. Nur wenn Sie die Arme schneller bewegen können, können Sie durch die Links-rechts-Koordination auch die Beine schneller bewegen (Temposteigerung durch Frequenzerhöhung). Viele Läufer sind in ihrem Tempo beschränkt, da sie die Arme zu weit geöffnet haben oder zu passiv mitführen.

Schrittlänge und -frequenz

- Für einen Ausdauerläufer ist die *beherrschte* Schrittlänge ein entscheidender Faktor. Um im Wettkampf das Tempo zu steigern, wird die Schrittfrequenz dieser beherrschten Schrittlänge erhöht. Anders ausgedrückt: Ein Ausdauerläufer arbeitet im Training zuerst an der Schrittlänge, dann an der Erhöhung der Schrittfrequenz.
- Um die Schrittlänge zu verbessern, müssen Stabilität, Flexibilität und natürlich Dynamik im Abdruck und Kniehub so verbessert werden, dass sich die Schrittqualität verbessert. Bei einer Tempovariation (Wettkampf oder Training) wird die Frequenz dann auf Basis dieser Schrittlänge gesteigert. Das aber geht nur mit aktivem Armeinsatz.

Die wichtigsten Übungen

Ein spezifisches Lauftechniktraining sollte zusammen mit einem Koordinationstraining zu Beginn einer Marathonvorbereitung seinen Schwerpunkt finden. Ein bis zwei spezielle Einheiten pro Woche reichen aus.

Am Anfang einer Trainingsperiode stehen also koordinative und technische Einheiten, die dann, wenn die langen Umfänge zunehmen, wieder reduziert werden.
In einer späteren Trainingsphase werden koordinative und technische Reize als Wiederholungsreize im Rahmen von Intervalltrainings oder bei Tempodauerläufen mit eingebaut.

BARFUSSLAUFEN

Der Fuß hat in seinem Aufbau mit der entsprechenden Muskulatur, Sehnen und Bänder die wunderbare Fähigkeit, Laufbelastungen sehr gut bis zu einem gewissen Maße zu kompensieren. Notwendig dafür ist eine gute Sensibilität sowie die Dynamik und Stabilität der Fuß- und Sprunggelenksmuskulatur.
Um dafür ein geeignetes Trainingsgerät anzubieten, entwickelten verschiedene Hersteller spezielle Barfuß-Schuhe (Nike-Free, 5-Fingers). Diese sind bedingt zum Lauftraining, aber in jedem Fall für ein koordinatives Training oder als Alltagsschuh mit Trainingseffekt geeignet.

Eine gute und preiswerte Variante ist das Barfußlaufen selbst. Trainieren Sie minutenweise auf einer gepflegten Wiese, variieren Sie Ihr Tempo, führen Sie verschiedene koordinative Übungen aus dem Lauf-ABC durch. Eine Barfußeinheit soll zu Beginn nicht länger als 10 min dauern.

Einen sehr guten regenerationseinleitenden Effekt hat Barfußlaufen nach einer intensiven Laufeinheit. Versuchen Sie nach so einer Einheit einige Minuten barfuß zu laufen. Sie fühlen sich anschließend wesentlich erholter.

Stretching – Training der Flexibilität

Die Flexibilität gilt als eine der sportmotorischen Grundeigenschaften und als Kriterium für sportliche Leistungsfähigkeit. Was genau darunter verstanden wird, ist jedoch nicht eindeutig definiert. Oft findet man in diesem Zusammenhang Begriffe wie Dehnbarkeit, Gelenkigkeit etc. Der Begriff Flexibilität wird synonym auch als »Beweglichkeit« bezeichnet und beschreibt ganz allgemein das maximal mögliche Bewegungsausmaß eines Gelenks.

Wofür muss man als Ausdauersportler besonders beweglich sein, obwohl man eigentlich in keiner Phase der Laufbewegung annähernd an die Grenze der Beweglichkeit stößt? Ohne Zweifel braucht ein Läufer nicht die Beweglichkeit einer Kunstturnerin, um seinen Sport erfolgreich ausüben zu können. Jedoch sollte die Laufbewegung ohne Einschränkungen durch das Gelenkspiel oder den Widerstand im Muskel- und Bindegewebe möglich sein. Ob man über ein adäquates Beweglichkeitsvermögen für seinen Laufstil verfügt, ist im Einzelfall schwer zu beantworten.

Schnelle Beweglichkeitstests

Für die im Laufsport besonders wichtigen Muskelgruppen an Hüfte und Bein gibt es Tests zur groben Orientierung.

- Zum Beispiel sollte man die Ferse an das Gesäß ziehen können, ohne über das Becken ins Hohlkreuz auszuweichen, um somit die Spannung der Kniestrecker zu reduzieren.
- Zum Testen der Oberschenkelrückseite liegt man in Rückenlage. Ein Bein ist gestreckt und hält Kontakt zur Unterlage. Das andere Bein wird bis zur maximal möglichen Beugung im Hüftgelenk mit gestrecktem Knie abgehoben. Hier sollten ca. 80 Grad erreicht werden können, ohne das aufliegende Bein von der Unterlage zu lösen und das abgehobene Bein im Kniegelenk zu beugen.

Dehnen der Oberschenkelinnenseiten

Sinnvoller Umgang mit Dehnung

In Verbindung mit der Beweglichkeit wird das Thema Dehnen immer wieder kontrovers diskutiert. Es gibt ebenso viele Skeptiker wie Befürworter. Die Frage, ob man als Läufer nun Dehnen soll oder nicht, kann nicht pauschal mit ja oder nein beantwortet werden. Das geht bereits aus der Definition des Begriffes »Dehnen« hervor, in der das Dehnen als methodische Vorgehensweise mit vielfältigen Trainings- und Therapiezielen beschrieben wird. Da die Wirkungsweisen und Motive zur Anwendung von Dehnungen im Sport sehr komplex sind, muss man sich folglich überlegen, was man mit Dehnen erreichen will, in welcher Phase des Trainings und mit welcher Methode ein Dehnprogramm sinnvollerweise zur Anwendung kommt.

Dehnung als Warm-up für Training und Wettkampf

Ein Läufer hat für die Ausübung seines Sports einen anderen Bedarf an maximaler Gelenkbeweglichkeit als z. B. ein Turner. Für einen Turner ist es vor dem Wettkampf unerlässlich, seinen Körper auf die anstehenden Bewegungsamplituden vorzubereiten. Der Läufer hingegen würde mit einem passiven Dehnprogramm den für die Leistung nötigen Muskeltonus sogar herabsetzen und seine muskuläre Aktionsbereitschaft verringern. Als adäquate Vorbereitung sind ein Warmlaufen und ein vorab lockeres aktives Bewegen der Gelenke erwiesenermaßen völlig ausreichend – mehr dazu im Exkurs »Movement Preparation«.

Dehnung als Verletzungsprophylaxe und Regenerationsmaßnahme

Dehnen vor dem Laufen schützt nicht grundsätzlich vor Verletzungen. Ein kurzes Dehnprogramm zur Vorbereitung führt allenfalls zu einer besseren Körperwahrnehmung, was unter Umständen ein Umknicken im Sprunggelenk verhindert. Allgemein werden Verletzungen im Laufsport aber nicht durch einen abrupten Gewebeschaden durch endgradige Gelenkbewegungen oder übermäßige Muskelanspannung verursacht. Vielmehr entstehen diese durch die kontinuierliche Überbelastung einzelner Strukturen am Bewegungsapparat im Zuge schnell gesteigerter Trainingsbelastung, durch Kraft- und Koordinationsmängel sowie durch Fehler in der Trainingssteuerung, z. B. als Folge mangelnder Regenerationsphasen.

Dehnen fördert zwar nicht die körperliche Regeneration, wenn das Dehnprogramm unmittelbar nach dem Training stattfindet, kann aber bei fortgeschrittener Regeneration hilfreich eingesetzt werden. Bei intensiven Trainingseinheiten kann es zu Verletzungen der Muskelzelle kommen, was sich im allseits bekannten Muskelkater äußert. Im unmittelbaren Anschluss an solche Einheiten sollten keine Dehnungen ausgeführt werden, da man dabei die bereits verletzten Muskelzellen zusätzlich beanspruchen würde. Vielmehr ist es ratsam, die Muskelgruppen beim Abklingen des Muskelkaters locker auf Zug zu bringen. Nach Verletzungen können sogenannte Cross-Links (Verklebungen im Gewebe) entstehen, die die Beweglichkeit des Bindegewebes unter Umständen einschränken. Werden die Bewegungseinschränkungen nicht behoben, besteht beim Laufen die Gefahr von Überlastungen und folglich von Verletzungen in Form von entzündlichen Prozessen am Bewegungsapparat. Gezieltes Dehnen löst die Cross-Links und sorgt für normale Beweglichkeit im Bindegewebe. In diesem Zusammenhang könnte man Dehnen wiederum als Verletzungsprophylaxe verstehen.

Ein weiterer Beitrag des Dehnens zur Verletzungsprophylaxe besteht in der Tatsache, dass sich der Bewegungsapparat als Konsequenz der vermehrten Zugbelastung anpasst und die Strukturen verstärkt, was wiederum das Überlastungs- und Verletzungsrisiko mindert.

Leistungssteigerung durch Dehnung

Im Laufsport ist durch Dehnung eher keine direkte Leistungssteigerung zu erwarten. Wenn jedoch Zwangspausen durch Verletzungen ausbleiben, so kann das Dehnen mittelbar einen Beitrag zur Leistungssteigerung erbringen.

Dehnmethoden

Es gibt eine Vielzahl unterschiedlicher Dehnmethoden. Für die Praxis im Laufsport sind im Grunde aber nur zwei Formen relevant: das normale statische Dehnen in zwei Varianten und das Dynamische Stretching.

- Das statische Dehnen, Variante I, kann nach dem Training oder Wettkampf eingesetzt werden. Hier hält man die endgradige Dehnposition ca. 10 bis 15 Sekunden. Dabei werden die Rezeptoren aktiviert und somit die Wahrnehmung verbessert.
- Das Statische Dehnen, Variante II, ist nach lockeren Trainingseinheiten, zu fortgeschrittener Regeneration oder als separate Übungseinheit ohne vorangehendes Lauftraining sinnvoll. Hier kommt es zu Veränderungen im Gewebe (z. B. Lösen von Cross-Links). Die endgradige Dehn-

Statisches Dehnen, Variante I: Dehnen der vorderen Oberschenkelmuskulatur

position wird ca. 30 bis 180 Sekunden gehalten.
- Das dynamische Dehnen kann ebenfalls vor dem Training und Wettkampf eingesetzt werden. Im Laufsport kommt jedoch nur eine lockere, aktive Bewegung ohne maximalen Bewegungsausschlag im jeweiligen Gelenk zum Einsatz. Beim dynamischen Dehnen werden langsame, wiederholte Bewegungen in Dehnrichtungen vollzogen. Eine besondere Rolle spielt dabei die aktiv dynamische Methode. Dabei erfolgt ein regelmäßiger Wechsel von Kontraktion (Anspannung) und Entspannung des Antagonisten (Gegenspieler). Der zu dehnende Muskel wird somit durch die Arbeit seines Gegenspielers gedehnt.

Kurz: Dehnen ist als Trainingsergänzung wichtig. In der Trainingssteuerung muss aber bedacht werden, was man jeweils erreichen will und wann es in das Trainingsprogramm integriert werden soll.

Statisches Dehnen, Variante II: Dehnen der mittleren Wadenmuskulatur

Dynamisches Dehnen: Dehnen der geraden Bauchmuskulatur

Ausdauertraining

Was ist Ausdauer?

Im vorigen Kapitel haben wir dem Begriff »Kraft = muskuläre Dynamik« die Rolle der Karosserie unseres Körpers zugesprochen. Entsprechend ist es die Aufgabe der »Ausdauer«, den Körper mit Kraftstoff zu versorgen. Entscheidend sind drei Dinge: die Qualität des Kraftstoffes, die richtige Menge an der richtigen Stelle und geeignete Schmierstoffe, um die Maschinen am Laufen zu halten. Eine gute Ausdauer bedeutet, dass der Körper möglichst lange in der Lage ist, diesen Kraftstoff zu liefern, ohne zu ermüden. Daher kommt auch der etwas sperrige Fachausdruck »Ermüdungswiderstandsfähigkeit«.

Bei den meisten Sportarten brauchen Sie nicht eine bestimmte Fertigkeit, sondern eine Mischung. Die jeweilige Sportart bestimmt den Schwerpunkt. So brauchen Sie zum Beispiel beim Laufen schon ab 800 m bis hin zum Marathon und Berglauf ein hohes Maß an Kraftausdauer, also eine Kombination an Kraft + Ausdauer, beim Sprinten hingegen eine Mischung aus Ausdauer + Schnelligkeit.

Erscheinungsformen der Ermüdung

Die Ermüdung, der Sie durch Ausdauer widerstehen wollen, kennt viele verschiedene Erscheinungsformen – sie äußert sich:
- muskulär
- mental
- koordinativ

Die wichtigsten Gründe für Ermüdung

Meistens können wir nicht genau bestimmen, welche Bereiche unseres Körpers erschöpft und kraftlos sind – was wir allerdings genau wissen, ist, warum wir uns so fühlen. Verantwortlich sind:
- ausgeschöpfte Energiereserven (z. B. Entleerung der Kohlenhydratspeicher)
- die Anhäufung von Stoffwechselendprodukten (z. B. Laktat)
- Wasserverlust und dadurch Elektrolytverarmung

Egal, wie fit Sie sind, irgendwann setzt bei jedem Menschen die Ermüdung ein. Durch gezieltes Training können Sie diesen Punkt jedoch deutlich hinauszögern.

Was geschieht im Körper bei einer langen Distanz?

Um zu verstehen, was wir für eine lange Strecke trainieren müssen, sollten wir uns

Perfekte Lauftechnik und Kraftausdauer führen zum Sieg.

noch einmal ansehen, worauf es ankommt. Dazu betrachten wir die Bausteine, die bei einem Marathontraining besonders gefordert sind:
- Unsere **Skelettmuskulatur** gibt uns Halt (Stabilität) und ermöglicht uns zielgerichtete Bewegungen.
- Unser **Herz-Kreislauf-System** versorgt den Körper mit wichtigen Nährstoffen.
- Über das **Atemsystem** nehmen wir den nötigen Sauerstoff auf und geben Stickstoff ab.
- Das **Nervensystem** und das **Hormonsystem** regeln sowohl koordinative Vorgänge, den Stoffwechsel sowie Aktivierungs- und Beruhigungsmechanismen.

Um zu begreifen, wie Marathontraining funktioniert, ist es überaus hilfreich zu wissen, wie der Skelettmuskel arbeitet.
- Zunächst braucht er ein Signal aus dem motorischen Zentrum: »Bitte aufwachen« (Koordination).
- Anschließend braucht er Nährstoffe, um arbeiten zu können. Bei sehr kurzen Belastungen sind das Phosphate. Für längere Arbeit (über 20 Sekunden) reichen die Phosphatspeicher aber nicht aus. Für Ausdauerbelastungen nutzt der Körper Glykogen (gespeicherte Kohlenhydrate) und später auch Triglyzeride (Fette).
- Um die beiden letzteren auch verarbeiten zu können, benötigt er zusätzlich ausreichend Sauerstoff.
- Solange der Sauerstoff für die Verarbeitung des Glykogens und der Fette reicht, spricht man vom **aeroben Stoffwechsel**.

WAS IST AUSDAUER?

Wenn man von Ausdauer spricht, denken die meisten erst einmal, es handele sich einfach nur um die Fähigkeit, möglichst lange durchzuhalten. Begriffe wie Kondition und Ausdauer werden dabei synonym verwendet, was aber nicht ganz korrekt ist. Unter Kondition versteht man die Kombination: Kraft – Ausdauer – Schnelligkeit – Flexibilität. Die Ausdauer ist also nur ein Baustein der Kondition.

Die Glykogenreserven in Muskeln und in Leber reichen etwa für 90 Minuten. Danach muss der Körper auf die nahezu unbegrenzt gespeicherten Fettreserven zurückgreifen.
- Steigt die Intensität der Ausdauerbelastung allerdings weiter an, steigen sowohl der Energie- als auch der Sauerstoffbedarf. Es kommt zu dem Punkt, an dem die Sauerstoffzufuhr nicht mehr ausreichend ist. Auch unter Sauerstoffmangel kann der Organismus begrenzt Glykogen verwerten, bildet aber vermehrt Laktat (= Salz der Milchsäure). Dieser Vorgang ist aber zeitlich begrenzt, da es zu Übersäuerung kommt. Man spricht vom **anaeroben Stoffwechsel**.

Für Belastungen, wie sie beim Marathon auftreten, ist es also wichtig,
- auf möglichst große Energiereserven zurückgreifen zu können (insbesondere auf die wertvollen Glykogenspeicher, da

sie mehr Energie liefern als die Fettreserven)
- den Körper über das Atem- und Herzkreislaufsystem mit ausreichend Sauerstoff zu versorgen

In den Trainingswissenschaften sind Größen entwickelt worden, um die körperlichen Vorgänge darstellbar und messbar zu machen. Die Kenngrößen, die für die Beurteilung der körperlichen Leistungsfähigkeit wichtig sind, sind die maximale Sauerstoffaufnahme, die aerobe-anaerobe Schwelle, die Größe des Glykogenspeichers und die Fettverbrennung.

Biologischer Hintergrund für hohe Ausdauerleistungen

1. Die VO_{2max} = maximale Sauerstoffaufnahme

Die maximale Sauerstoffaufnahme stellt das Bruttokriterium einer Ausdauerleistung dar. Sie beziffert den Wert, der über die Atmung aufgenommen, durch die Lungenbläschen weitergegeben, durch das Blut transportiert und dann im Muskel durch die Mitochondrien aufgenommen werden kann.

- In der modernen Trainingssteuerung wird die maximale Sauerstoffaufnahme auf das Körpergewicht bezogen (relative VO_{2max}).
- Die maximale Sauerstoffaufnahme ist trainierbar, aber in wesentlich geringerem Ausmaß als die Folgegrößen.
- Gute Trainingsmöglichkeiten bieten der submaximale Trainingsbereich und komplexe Alternativsportarten wie Skilanglauf, Ski-Roller oder Rudern. Eine hohe VO_{2max} ist die Basis für gute Ausdauerleistungen.

Damit Sie sich selbst mittels Ihrer maximalen Sauerstoffkapazität einschätzen können, gibt es ein einfaches Testverfahren, den sogenannten Cooper-Test. Dabei laufen Sie

Interpretation eines Cooper-Tests

Distanz	VO_{2max} in ml/kg/min	km/h	min/km	Beurteilung ambitionierter Freizeitsport
1.600	24,5	8,0	07:30	Sehr schlecht
2.000	33,4	10,0	06:00	Schlecht
2.400	42,4	12,0	05:00	Ausreichend
2.800	51,3	14,0	04:17	Mittel
3.200	60,3	16,0	03:45	Gut
3.600	69,2	18,0	03:20	Sehr gut
4.000	78,1	20,0	03:00	Hervorragend

12 min eine möglichst weite Stecke auf einer 400-m-Rundbahn. Im Anschluss können Sie Ihr Potenzial annäherungsweise der Tabelle entnehmen.

2. Die Höhe der individuellen anaeroben Schwelle (IANS)

Intensitäten können an der VO2max-Grenze nur bis zu etwa 10 Minuten aufrechterhalten werden. Interessanter ist der Anteil der VO2max, den ein Läufer über längere Zeit halten kann, denn das ist die Leistung an der anaeroben Schwelle.

Im Ausdauerbereich mit niedrigen bis mittleren Intensitäten steht dem Körper genügend Sauerstoff zur Verfügung (aerober Bereich), um seine Leistung zu realisieren. Wird die Intensität gesteigert, erhöhen sich Energie- und Sauerstoffbedarf. Ab der sogenannten individuellen anaeroben Schwelle (IANS) erbringt der Organismus die Leistung zunehmend mit einer Sauerstoffschuld, also im anaeroben Bereich. Die IANS bezeichnet den Übergang vom aeroben zum anaeroben Stoffwechsel. Bei hohen Intensitäten kann der Organismus auch kurzzeitig auf einen anaeroben Stoffwechsel umschalten (= erhöhte Laktatbildung) – der Übergang ist fließend. Die Schwelle bezeichnet die Intensität, in der sich Laktatbildung und -abtransport die Waage halten.

3. Die Größe der Glykogenspeicher

Zusammen mit Sauerstoff »verbrennt« unser Körper gespeicherte Energieträger. Das sind in der Hauptsache Kohlenhydrate (Glykogen), Fette und Eiweiß.

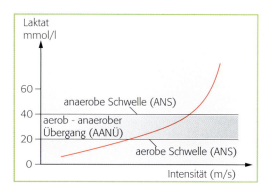

Laktatleistungskurve mit Laktatschwellenbereichen. Trainiert wird die IANS im mittleren Trainingsbereich.

Die wertvollsten Energieträger für den aeroben Energiestoffwechsel (eben für die Marathondistanz) sind die Kohlenhydrate. Diese sind aber leider nur in begrenzter Menge im Körper (in Muskulatur und Leber) gespeichert. Bei voll aufgefüllten Speichern reichen sie für Belastungen bis ca. 60 bis 90 Minuten.

Es ist sinnvoll, das Fassungsvermögen dieser Speicher zu vergrößern. Gleichzeitig aber ist es bei langen Ausdauerwettkämpfen wichtig, rechtzeitig Kohlenhydrate in geeigneter Form und Menge zuzuführen (siehe Kapitel »Ernährung«). Trainiert wird die Größe im mittleren Trainingsbereich.

4. Fettverbrennung – ökonomische Energieverwertung

Um Glykogenreserven zu sparen, sollte der Fettstoffwechsel trainiert werden. Der Körper wird darauf eingestellt, einen hohen Anteil der Energierohstoffe aus den im Körper vorhandenen Fettreserven zu beziehen.

Die Fettverbrennung wird im niedrigen Trainingsbereich mit hohem Umfang trainiert. Um die Fettverbrennung effektiv zu trainieren, müssen die Umfänge deutlich über 90 Minuten hinausgehen. Eine Alternative sind Trainings im nüchternen Zustand.

Gewichtung der Trainingsformen

Konsequenterweise ergibt sich nun die Frage nach der Gewichtung dieser Trainingsmethoden. Je nach Trainingsphase und vor allem auch Lauferfahrung und Leistungsfähigkeit gibt es dabei keine pauschale Antwort. Im ergänzenden Teil »Trainingspläne« finden Sie jedoch die für Sie richtige Relation.

Faustregeln für das Ausdauertraining

- Erste Priorität hat der lange, lockere Dauerlauf.
- Zweite Priorität hat der mittlere bis zügige Dauerlauf.
- Dritte Priorität hat der variable Dauerlauf oder die extensive Intervallmethode.
- Nicht zu vergessen sind die Basistrainings für Stabilität, Koordination und Flexibilität.

Die verschiedenen Trainingsbereiche sollten im Rahmen eines Wochentrainings ungefähr folgendermaßen verteilt sein. Die Prozentangaben beziehen sich auf die Gesamtwochentrainingsstunden.

Beispiel 6 h Wochentraining (Lauf)

Trainingsbereich DL1:
55–65 % – ca. 180 bis 240 min.
Trainingsbereich DL2:
15–25 % – ca. 50 bis 80 min.
Trainingsbereich DL3:
5–10 % – ca. 20 bis 30 min
Trainingsbereich > IANS:
1–3 % – 5 bis 15 min.

Zuzüglich zum disziplinspezifischen Lauftraining sollten 20 bis 25 Prozent Athletiktraining trainiert werden.

Anmerkung: Das Einlaufen zählt zum DL1; Athletiktraining kann auch als Ergänzung (Vor- oder Nachprogramm des Lauftrainings) absolviert werden. Mit folgenden Methoden kann man diese Parameter trainieren.

Wiederholungsmethoden

Methode	Beschreibung	Zweck	Dauer	Anwenderkreis
	3–8 min Belastungen bis Wettkampftempo über die jeweilige Distanz; dazwischen nahezu vollständige Pause (so lange wie Belastung);	Erweiterung der aeroben und anaeroben Kapazität, Stabilisierung und Variation der Technik, Laktatverträglichkeit, Kraft- und Schnelligkeitsausdauer, Verbesserung der Erholungsfähigkeit, Wettkampfbedingungen, Taktik	3 bis 5 Wiederholungen	Erfahrene

Dauermethoden

Methode	Beschreibung	Zweck	Dauer	Anwenderkreis
Kontinuierlich extensiv	Subjektiv langsamer Dauerlauf; 70–75 % der HF_{max} oder 75–80 % des IANS-Tempos	Ökonomisierung, Stoffwechseltraining, Stabilisierung, Rekom	30 bis 240 min	Einsteiger/ Fortgeschrittene/ Erfahrene
Kontinuierlich intensiv	Subjektiv zügiger bis schneller Dauerlauf; 75–88 % der HF_{max} oder 90–95 % des IANS-Tempos	Erweiterung der aeroben Kapazität, Anheben der IANS, Vergrößerung der Glykogenspeicher, Stabilisierung und Variation der Technik	20 bis 120 min	Einsteiger/ Fortgeschrittene/ Erfahrene
Variable Dauermethode	Subjektiv langsamer bis schneller Dauerlauf im Wechsel; 75–90 % der HF_{max} oder 90–95 % des IANS-Tempos	Erweiterung der aeroben Kapazität, Anheben der IANS, Vergrößerung der Glykogenspeicher, Stabilisierung und Variation der Technik; verbesserte Laktatkompensation und -abbau	20 bis 120 min	Einsteiger/ Fortgeschrittene/ Erfahrene

Intervallmethoden

Methode	Beschreibung	Zweck	Dauer	Anwenderkreis
Extensiv	Subjektiv submaximale Belastung; 85–92 % der HF_{max} oder 100 % des IANS-Tempos; 3–8 min Belastungen, dazwischen »lohnende Pausen« (3 min)	Erweiterung der aeroben Kapazität, Anheben der IANS, Stabilisierung und Variation der Technik, Laktatverträglichkeit, Kraftausdauer	6 bis 10 Wiederholungen	Fortgeschrittene/ Erfahrene
Intensiv	Subjektiv submaximale Belastung; 90–96 % der HF_{max} oder 105 % des IANS-Tempos; 1–3 min Belastungen, dazwischen »lohnende Pausen« (3 min)	Erweiterung der aeroben und anaeroben Kapazität, Stabilisierung und Variation der Technik, Laktatverträglichkeit, Kraft- und Schnelligkeitsausdauer, Verbesserung der Erholungsfähigkeit	9 bis 12 Wiederholungen	Fortgeschrittene/ Erfahrene

Für die Praxis – Trainingsplanung

Mit einem gut durchdachten Trainingsplan können Sie Ihr Marathontraining besser in den Alltag integrieren. Denn je optimaler Sie planen, desto einfacher können Sie improvisieren. Anders gesagt: Disziplin schafft Freiheit.

Bei dem Wort »Trainingsplanung« dominiert zunächst der Eindruck von sklavischer Einhaltung strikter Vorgaben ohne Rücksicht auf persönliches Befinden, zeitliche Engpässe oder gar die Gesundheit. Aber genau dies soll ein Trainingsplan vermeiden.

Ein Läufer, der seine Marathonvorbereitung planvoll gestaltet, hat viel mehr Möglichkeiten zur kurzfristigen Improvisation und Planänderung. Planlose Improvisation hingegen bedeutet Chaos.

Mit einem geplanten Trainingsaufbau behalten Sie den Überblick über notwendige Inhalte und Umfänge, zeitliche Abläufe, Termine und die nötige Regeneration. Sie haben damit immer die Möglichkeit, Trainingseinheiten zu ändern, ohne spezielle Inhalte zu »vergessen«. Bei Leistungsstagnation, Motivationstiefs oder gar Überlastungen wird ein Trainingsplan mit Trainingstagebuch zum wertvollen Analysewerkzeug.

Beispiel für einen guten Plan und ein Trainingstagebuch

Ein guter Plan lässt genügend Lücken für »trainingsfremde« Zeit für Familie, Freunde, andere Hobbys und natürlich Ihre Arbeit. Planen Sie realistisch. Trainingseinheiten zu nahezu unmöglichen Tageszeiten wie drei Uhr morgens oder in unmachbaren Situationen (in der Mittagspause der Kommuni-

Tragen Sie Ihre Trainingszeiten in Ihrem Kalender ein.

onsfeier des Neffen) führen über kurz oder lang zum Abbruch. Planen Sie Pufferzeiten ein und trainieren Sie möglichst nicht gehetzt. Die Trainingskilometer, die Sie dadurch einbüßen, wären ohnehin Kilometer ohne Effekt. Scheuen Sie sich nicht, Ihren Trainingsplan zu ändern bzw. Trainingseinheiten ausfallen zu lassen oder zu verschieben.

Die Erstellung eines Trainingsplans

Ein Trainingsplan baut sich zunächst rückwärts auf, d. h., das Enddatum (der Marathontag) ist die Ausgangsposition. Von da an rückwärts gerechnet, benötigen Sie für ein fundiertes Marathontraining ca. vier bis sechs Monate. Dabei umfassen die letzten drei Monate die spezifische Marathonvorbereitung. Die Zeit davor sollten Sie nutzen, das Marathontraining mit alternativen Trainings und funktionellem Muskeltraining vorzubereiten.
Damit schaffen Sie ein höheres Belastungspotenzial (geringere Überlastungsgefahr) und absolvieren das umfangbetonte Marathontraining auf einem höheren Niveau.
Der nächste wichtige inhaltliche Schritt ist, sich über die sogenannten Leistungsanforderungen im Marathon klar zu werden:

Marathon, Anforderungsgrößen

Belastungsdauer	2:10 h–5 h Laufzeit – je nach Leistungsstand
Herzfrequenz	70–90 %
Anteil an der VO2max	60–85 %
Laktat	1,5–3 mmol
Energiegewinnung	97–99 % zu 1–3 % aerobe/anaerobe Energiegewinnung
Energieverbrauch	2500–4500 kcal

»Welche Anforderungen sollte ich am Tag X möglichst optimal erfüllen?«

Diese konkreten Anforderungen müssen in einer sinnvoll aufeinander abgestimmten Trainingsperiode vorbereitet werden.

Die Aufteilung der Trainingsperioden in Phasen

- Makrozyklus: eine Vorbereitungsperiode von mehreren Monaten
- Mesozyklus: eine Periode mit verschiedenen Schwerpunkten und von mehreren Wochen Dauer
- Mikrozyklus: eine kurzfristige Abfolge von Trainingseinheiten – meist eine Woche
- Trainingseinheit selbst

PRAKTISCHE MARATHON-VORBEREITUNG

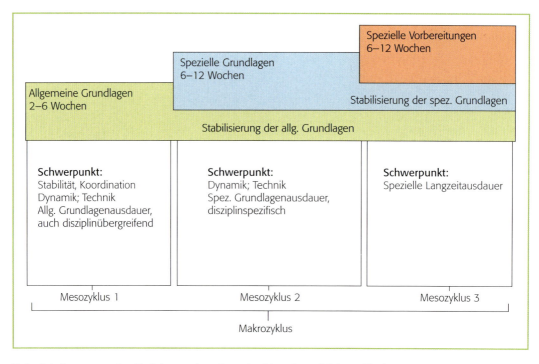

Beispiel einer gesamten Trainingsvorbereitung im Marathon (Makrozyklus)

Das Training in den einzelnen Phasen

1. Allgemeine Grundlagenphase (2–6 Wochen)

Training der **allgemeinen** Trainingsgrundlagen

a. Stabilität, Koordination – in der Folge dann Dynamik und Technik
b. Allgemeine Grundlagenausdauer – auch mittels alternativer Trainingsmittel = Alternativsportarten

2. Spezielle Grundlagenphase (6–12 Wochen)

Training der **speziellen** (Marathon-) Trainingsgrundlagen

c. Stabilisierung der allgemeinen Trainingsgrundlagen
d. Dynamik, Technik
e. Spezielle Grundlagenausdauer – Belastungen in der gesamten Breite der aeroben Ausdauer mit dem Disziplinschwerpunkt Lauftraining, z. B. lange Läufe mit geringer Intensität und Unterdistanzläufe mit mittlerer und höherer Intensität.

3. Spezielle Vorbereitungsphase (4–8 Wochen)

Training der **speziellen** (Marathon-)Anforderungen

f. Stabilisierung der allgemeinen und speziellen Trainingsgrundlagen

g. Training der speziellen Langzeitausdauer, beispielsweise lange Läufe mit mittlerer Intensität bis hin zum geplanten Marathontempo

Der Jahresplan

In einem Gesamt-Jahresplan sind die einzelnen Zyklen schwerpunktmäßig mit unterschiedlichen Inhalten belegt.
Wichtig ist dabei folgender Zusammenhang:
- Die Trainingsinhalte sollen aufeinander aufbauen (Beispiel: Stabilität vor muskulärer Dynamik; Koordination vor Technik)
- Die Trainingsbelastung wird gesteigert (Beispiel: Verlängerung der langen Läufe)
- Die Trainingsinhalte werden zunehmend spezieller (Beispiel: Zu Beginn werden noch sehr viele alternative Trainings absolviert)

Aufbau der Trainingswochen

Im nächsten Schritt folgt der Aufbau der Trainingswochen. Dabei sind folgende Zusammenhänge wichtig:
- Beachtung von rhythmischer Regeneration (Beispiel: 3 Wochen Belastungssteigerung, 1 Woche Entlastung; innerhalb einer Woche: 3 Tage Belastung, 1 Tag Pause + 2 Tage Belastung, 1 Tag Pause)
- Zusammenfassung logischer Trainingselemente (Beispiel: qualitative Trainings [Technik] vor quantitativen Trainings [langer Lauf])

Aufbau einer einzelnen Trainingseinheit

Zu guter Letzt geht es darum, wie eine einzelne Trainingseinheit aufgebaut werden sollte. Zunächst ist die jeweilige Konzentration auf den Haupttrainingsinhalt entscheidend: Stellen Sie sich auf die Trainingsaufgabe ein, d. h., gehen Sie bei hoch belastenden Trainings mit der richtigen mentalen Einstellung an die Aufgabe.
Das klingt erst einmal banal. Im Trainingsalltag trifft man jedoch sehr häufig auf Athleten, die alles »mal auf sich zukommen lassen«. Das führt sehr häufig zu unkonzentriertem Trainieren (insbesondere bei technischen Einheiten) oder Intensitäts- und Umfangseinbußen. Die Folge: reizloses gleichförmiges Training. Selbst bei Regenerationstrainings wird das normale Durchschnittstempo gelaufen, anstatt wirklich langsam zu laufen.

Der Ablauf eines guten Trainings

Ein gutes Training setzt sich aus vielen einzelnen Bausteinen zusammen:
1. Die richtige mentale Vorbereitung: Auseinandersetzung mit der Aufgabe
2. Die richtige direkte Vorbereitung aus organisatorischer Sicht (Ausrüstung, Mahlzeiten)
3. Wachmacher (bringen Sie sich mit Movement Preparation »in Fahrt«)
4. Warm-up
5. Hauptaufgabe
6. Cool-down
7. Nachbereitung: mentale Nachbereitung mit einem Trainingstagebuch inklusive Eintrag des persönlichen Empfindens und der »sharp facts« = Zeiten, Umfänge

PRAKTISCHE MARATHON-VORBEREITUNG

Exkurs: Movement Preparation

Kurz MP, ist ein Begriff aus der Trainingsphilosophie des Functional Training. Darunter verstehen wir die muskuläre Vorbereitung auf die eigentliche Trainingskernaufgabe.

Sie kennen die Situation: Ein Tag Büroarbeit liegt hinter Ihnen. Eigentlich keine körperliche Belastung. Das lockere Warm-up fällt schwer. Sie sind träge und Ihre Beine tragen Sie nur mit Mühe von Schritt zu Schritt. Ihre Körperspannung ist praktisch nicht vorhanden – an ein dynamisches Training ist nicht zu denken. Diese koordinative Trägheit zieht sich nun durch Ihr ganzes Training. Wäre es nicht sinnvoll, von Beginn an »aufgeweckt« und dynamisch zu trainieren?

Also wecken Sie Ihre am Laufen beteiligten Muskeln einfach auf: Versetzen Sie ihnen einen kurzen Impuls und erhöhen Sie ihre Flexibilität mit gezielten aktiven Bewegungen. Schalten Sie den Netzschalter Ihrer Muskeln auf »on«. MP sind komplexe, gezielte Aktivierungsübungen (vor dem ersten Laufschritt!) zur muskulären und koordinativen Einstimmung auf Ihr Training. 4 bis 6 Übungen mit einer Gesamtdauer von 5 bis 8 Minuten genügen. Sie werden Ihre Trainingsqualität von Beginn an deutlich erhöhen.

1. Gegengleiches Armstrekken/Hüftheben (8×/Seite)
2. Rechts Einbeinstand, leichte Kniebeuge und links abspreizen (8×/dann Seite wechseln)

FÜR DIE PRAXIS – TRAININGSPLANUNG

3 Links Einbeinstand, leichte Kniebeuge und nach vorne beugen. Gegengleiches Bein strecken und Po-Muskulatur aktiv anspannen (8×/dann Seite wechseln)

4 Ausfallschritt seitlich (8×/dann Seite wechseln)

5 Überkreuzschritt seitlich (8x im Wechsel links/rechts)

Steuerung der Trainingsbelastung

Wichtige Größen bei der Gestaltung des richtigen Trainings sind der gelaufene Umfang und – wie schon bei der Unterscheidung der Trainingsprogramme angesprochen – der Intensitätsunterschied.

Der Laufumfang

Der Trainingsumfang stellt für viele Marathonläufer eine wichtige Bezugsgröße dar. Als Maßeinheiten dienen die absolvierten Kilometer und die trainierte Zeit in Stunden und Minuten. Leider gibt es keine Formel, mit der sich errechnen ließe, wie viele Trainingskilometer oder Trainingsstunden zwangsläufig zu einer bestimmten Zielzeit führen.

Nur so viel: Es gibt sehr viele Trainingsweltmeister mit unendlich vielen Trainingskilometern – jedoch ohne wirkliche Leistungsverbesserung. Demgegenüber stehen die Naturtalente mit überschaubarem Trainingsumfang und herausragenden Ergebnissen. Neben dem Trainingsumfang spielen immer Trainingsalter, biologisches Alter und Talent eine große Rolle.

Um Überlastungen zu vermeiden, sind bei der Festlegung des Trainingsumfanges folgende Punkte wichtig:

- Steigern Sie Ihre Laufumfänge allmählich, d. h. von Jahr zu Jahr um nicht mehr als 10 bis 20 % bei Einsteigern und bei Fortgeschrittenen bis 80 km/Woche und 5 bis 10 % bei Fortgeschrittenen und Ambitionierten (über 100 km/Woche)
- Bei der progressiven Trainingssteigerung von Woche zu Woche: Nehmen Sie sich nicht mehr als 5 bis 10 % vor.
- Sie gönnen sich ein Trainingslager? Auch gut! Gut sind komprimierte Mehrbelastungen von 50 bis 70 % Ihrer durchschnittlichen Trainingskilometer. Aber bedenken Sie: Pro Tag Trainingslager benötigen Sie hinterher einen Tag Erholung und noch mal einen Tag, damit der Trainingseffekt eintritt. Beispiel: Bei 10 Tagen Trainingslager benötigen Sie 10 Tage zur Regeneration und weitere 10 Tage, damit der gewünschte Trainingsreiz wirkt.

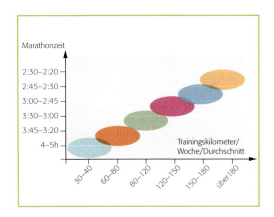

Exemplarischer Zusammenhang zwischen Marathonzielzeit und Laufumfang

Die verschiedenen Laufintensitäten

Im Allgemeinen kann man die verschiedenen Laufintensitäten der rechten Grafik entsprechend charakterisieren.
Wie lässt sich nun die Intensität beim Lauftraining steuern? Dabei kann man sich auf sein Körpergefühl verlassen (subjektives Empfinden) oder die Herzfrequenz zu Hilfe nehmen.

Subjektives Empfinden

Erfahrene Läufer bauen sehr häufig auf ihr gut ausgeprägtes Körpergefühl. Diese Methode wird oft auch von Laufeinsteigern praktiziert, setzt aber sehr viel Erfahrung voraus.

Die individuelle Trainings-Herzfrequenz mittels formaler Festlegung

Besser und objektiver als das subjektive Empfinden ist die Zuhilfenahme der Herzfrequenz.
Bei steigender Ausdauerbelastung muss der Muskulatur mehr Sauerstoff zugeführt werden. Das Blut muss den Sauerstoff in größerer Menge und schneller von den Atemwegen zur Muskulatur transportieren. Dazu muss das Herz schneller arbeiten. Die Folge ist eine erhöhte Herzfrequenz.
Während des Trainings kann man die Herzfrequenz komfortabel mit einem Pulsmesser über einen Handgelenksmonitor in Verbindung mit einem Brustgurt messen. Das, was die Herzfrequenz

Subjektives Empfinden unterschiedlicher Laufintensitäten

Langer, lockerer Lauf	langsames Tempo, gefühlt gebremst, Unterhaltung leicht möglich
Zügiger Dauerlauf	mittleres »Wohlfühltempo«, kontrollierter »Druck« auf dem Fuß; Unterhaltung mit Atempausen möglich
Schneller Dauerlauf	kontrolliertes schnelles Langstreckentempo, Gespräch satzweise möglich, realistisches Marathontempo
Extensive Intervalle	gefühltes Marathontempo, kontrolliertes schnelles Tempo über die Teildistanz, nur noch Zurufe möglich
Intensive Intervalle	gefühltes Renntempo über die Trainingsteildistanz, kein Gesprächsbedarf

aussagt, ist von Athlet zu Athlet verschieden. Da jedes Herz-Kreislauf-System individuell arbeitet, treten bei gleicher Leistungsfähigkeit unterschiedliche Herzfrequenzwerte auf. Die Herzfrequenz hängt ab von: Geschlecht, Alter, Trainingszustand, Muskelmasse, Körpergewicht, Trainingsalter und den genetischen Voraussetzungen. Des Weiteren kann auch die Tages-Herzfrequenz individuell variieren, z. B. durch Übertraining, Infekt (Vorsicht!), Stress etc.
Um die persönlichen Werte zu ermitteln, gibt es verschiedene Möglichkeiten:

Die maximale Herzfrequenz als Ausgangswert

Die maximale Herzfrequenz ist die Herzfrequenz, die ein Athlet bei höchstem Anstrengungsgrad erreichen kann. Diese nimmt im Alter ab und ist wie die Trainingsherzfrequenz tagesformabhängig. Als erste Orientierung kann die Formel von Hollmann und Rost dienen:
Männer: $HF_{max} = 220 - $ Lebensalter
Frauen: $HF_{max} = 226 - $ Lebensalter
Nach dieser Formel hat z. B. eine 45-jährige Frau eine maximale Herzfrequenz von 181 Schlägen pro Minuten.

Davon ausgehend errechnet sich die Trainingsherzfrequenz.
- 70–75 % der HF_{max}: lockerer Dauerlauf (DL1)
- 75–83 % der HF_{max}: mittlerer Dauerlauf (DL2)
- 83–88 % der HF_{max}: zügiger Dauerlauf (DL3)
- 88–92 % der HF_{max}: Tempodauerlauf (TDL)

Unter Einbezug der Ruheherzfrequenz kann diese Methode mittels der Karvonen-Formel noch differenziert werden:
TPF (Trainingsherzfrequenz = Ruhepuls + ($[HF_{max} - $ Ruhepuls$] \times $ Intensität) +/– 3 Schläge.

DIE ANAEROBE SCHWELLE

Der Begriff anaerobe Schwelle (auch aerob-anaerobe Schwelle oder Laktatschwelle genannt) bezeichnet die höchstmögliche Belastungsintensität, die gerade noch unter Aufrechterhaltung eines Gleichgewichtszustandes zwischen Bildung und Abbau von Laktat erbracht werden kann. Laktat ist ein Endprodukt des Glykogenstoffwechsels. Kennzeichnend für das Erreichen der (individuellen) anaeroben Schwelle ist, dass das Gleichgewicht zwischen Laktatbildung und -abbau nicht mehr aufrechterhalten werden kann. Der Laktatwert steigt stark an.

Ab welcher Leistungsstufe der Organismus die anaerobe Schwelle erreicht bzw. überschreitet, hängt von verschiedenen – trainierbaren – Faktoren ab (z. B. Dichte und Lage der Mitochondrien in der Zelle, Kapillarisierungsgrad des Muskels, Füllungszustand der Glykogenspeicher, Sauerstofftransportfähigkeit etc.). Gut ausdauertrainierte Läufer und Läuferinnen können an der IANS die Marathondistanz bewältigen.

Individuelle Trainingssteuerung mittels Leistungsdiagnostik

Wer sich nicht an Formeln orientieren möchte, kann einen Leistungstest absolvieren. Die Vorteile liegen auf der Hand: Die ermittelten Ergebnisse entsprechen tatsächlich dem eigenen Leistungsstand; bei einer Wiederholung des Tests kann eine Leistungsentwicklung dargestellt werden, d. h., Veränderungen sind messbar und können im Trainingsplan berücksichtigt werden.

Für das Marathontraining ist es besonders wichtig, die individuelle anaerobe Schwelle zu kennen (IANS). Um festzustellen, wo die eigene Schwelle liegt, gibt es unterschiedliche Testverfahren:

Leistungstest mittels Conconi-Test: Ein recht einfach durchzuführender Test ist der Conconi-Test. Der Test findet auf dem Laufband oder Fahrradergometer statt und setzt die Bewegungsgeschwindigkeit ins Verhältnis zur jeweils gemessenen Herzfrequenz.

Grundlegend für die Durchführung ist ein gleichmäßiges, sukzessives Erhöhen der Belastungsstufen. Das Tempo ist zu Beginn langsam und entspannt und wird mit jeder Stufe erhöht (z. B. beim Laufen alle 200 m um 0,5 km/h). Die Herzfrequenz wird dabei kontinuierlich gemessen und in jeder Stufe aufgezeichnet. Der Test wird erst abgebrochen, wenn der Proband seine Leistung nicht mehr erhöhen kann.

Die gemessenen Wertepaare aus Herzfrequenz und Geschwindigkeit werden in ein Diagramm eingetragen und ausgewertet: Laut Conconi ist die anaerobe Schwelle an dem Punkt erreicht, an dem die lineare Beziehung zwischen Herzfrequenz und der Geschwindigkeit in eine flachere Kurve übergeht, die Kurve also – bildlich gesprochen – einen Knick nach unten bekommt (Deflexionspunkt). Die daraus abgeleitete individuelle anaerobe Schwelle bietet einen Eckpfeiler für die persönliche Trainingssteuerung.

Die Erfahrung zeigt, dass die Conconi-Schwelle – gemessen nach Geschwindigkeit und Herzfrequenz – etwas höher ist als die individuelle anaerobe Schwelle, wie sie bei einer Laktatdiagnostik festgestellt wird. Eine strikte Orientierung an der Conconi-Schwelle als IANS kann zu überhöhten Intensitäten führen.

Die abgeleiteten Trainingsbereiche kann man wie folgt interpretieren:
- DL1: 65–75 % des Conconi-Tempos
- DL2: 75–90 % des Conconi Tempos
- DL3: 90–95 % des Conconi-Tempos

Laktat-Stufendiagnostik: Beim Laktat-Stufentest wird die Laktatkonzentration des Kapillarblutes gemessen. Ermittelt wird die Leistung an der (individuellen) anaeroben Schwelle durch einen stufenweisen Belastungstest, verbunden mit mehreren Blutproben, die am Ohr entnommen werden. Im Ruhezustand liegt die Laktatkonzentration bei 1 bis 2 mmol/l. Die anaerobe Schwelle liegt bei den meisten Men-

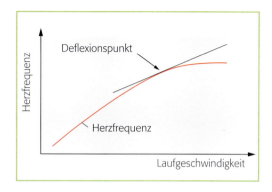

Verlauf Conconi-Test

schen bei einer Laktatkonzentration von 4 mmol/l – bei gut trainierten Ausdauersportlern in der Regel unter 4 mmol/l an der IANS.

Die (individuelle) anaerobe Schwelle ist im Marathontraining eine sehr wichtige Orientierungsgröße. Von ihr werden die einzelnen Trainingsbereiche für die unterschiedlichen Trainingsintensitäten abgeleitet. Dabei wird die Trainingsintensität in Unterbereiche gegliedert, die in Prozent der Leistung an der IANS in Watt oder Geschwindigkeit angegeben werden.

- DL1: 70–80 % des Tempos an der IANS
- DL2: 80–93 % des Tempos an der IANS
- DL3: 93–100 % des Tempos an der IANS

Bisher gilt als Orientierung die Leistung (= Geschwindigkeit) an der IANS. Damit das Training über ein Herzfrequenzmessgerät gesteuert werden kann, müssen die dazugehörigen Herzfrequenzen interpoliert werden.

Dies funktioniert bei einer Laktatdiagnostik deshalb sehr gut, da sich die Herzfrequenz im Gegensatz zum Laktatwert nahezu linear entwickelt (siehe Grafik links).

Eine Veränderung der Leistungsfähigkeit an der IANS hat einen hohen Aussagewert für die Leistungsentwicklung eines Marathonläufers. Bei einer Testwiederholung spricht eine Verflachung der Laktatkurve für ein verbessertes Grundlagenausdauerniveau – eine generelle Rechtsverschiebung für ein insgesamt höheres Leistungspotenzial.

Die Aussagekraft und Relevanz der Laktatmessungen wird in der Sportwissenschaft kontrovers diskutiert. Die möglichen Einflüsse auf die Laktatbildung sind vielfach und können zu Fehlinterpretationen führen. Dennoch ist sie eine praxisnahe und leicht wiederholbare Testmethode.

Für eine verlässliche Aussage sollten folgende Voraussetzungen erfüllt sein:
- Testverfahren auf Laufband oder im Feldtest auf der Bahn
- Testwiederholungen unter möglichst gleichen Bedingungen (Tageszeit, Bekleidung …)
- Vor dem Test 1 bis 2 Tage deutlich reduziertes Training mit ausreichend Kohlenhydrat- und Flüssigkeitszufuhr
- Kein Test nüchtern
- Stufendauer pro Intensität 5–6 min

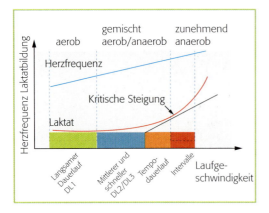

Einteilung der Trainingsbereiche nach einer Laktatdiagnostik

- Steigerung der Stufen bei Trainierten um 1,5–2 km/h, bei Untrainierten 1–1,5 km/h
- Mindestens 4 Messpunkte

Spiroergometrie: Eine weitaus professionellere, aber auch deutlich aufwendigere Methode. Stellt die Laktatmessung noch einen indirekten Bezug zur Sauerstoffversorgung des Organismus her, so können über die Atemgasanalyse direkt die Sauerstoffaufnahme und die Kohlendioxidabgabe gemessen werden (bilden den sogenannten respiratorischen Quotienten).

Viele Institute bieten diesen Test leider nur auf dem Fahrradergometer an. Zur Laufleistung lässt sich daraus kein direkter Bezug herstellen. Mobile Testgeräte, die man auf einer Laufbahn benutzen kann, gibt es nur selten. Zudem ist es für viele Probanden sehr ungewohnt und beklemmend, mit einer Maske zu laufen.

Spiroergometrie auf dem Laufband

Alternatives Training – der Blick über den disziplinären Tellerrand

Warum sind alternative Trainingsformen so wichtig – auch für Läufer? Im Zusammenhang mit dem Training der muskulären Dynamik fiel der Satz: »Wer immer das tut, was er kann, bleibt immer so, wie er ist.« Das findet insbesondere in Bezug auf alternative Trainingsformen seine Anwendung. Gerade eingefleischte Marathonläufer und -läuferinnen neigen dazu, wenig über den Tellerrand zu schauen. Die Qualität des eigenen Trainings wird mit den absolvierten Laufumfängen gleichgesetzt und weniger an den Trainingsinhalten bemessen. Alternative Trainingsformen spielen jedoch besonders vor der eigentlichen Marathontrainingsphase eine große Rolle.

Vorteile des Alternativtrainings
- Trainingsreize werden nicht vergeudet – ohne auch nur einen Kilometer zu laufen, können Sie Ihre Ausdauer bereits semiintensiv schulen.
- Komplexe Alternativtrainings erhöhen die maximale Sauerstoffaufnahme und erweitern die Glykogenspeicher – gerade Sportarten mit hoher muskulärer Beteiligung schulen die Sauerstoffversorgung mehrerer großer Muskelgruppen.
- Einstieg nach Verletzungspause: Um nach Trainingspausen die Belastbarkeit zu erhöhen und sanft in ein geregeltes Training zu finden, bieten sich Ausdauertrainings an, bei denen Sie nicht laufen müssen.

WANN UND WIEVIEL?

Alternative Trainingsformen werden insbesondere zu Beginn einer Marathontrainingsphase favorisiert. Dabei können sie auch 20 bis 30 % des Trainings in Anspruch nehmen. Sie können zwar auch als fester Bestandteil in der Hauptphase (6 bis 10 Woche vor dem Marathon) eingesetzt werden, sollten jedoch bei ambitionierter Marathonvorbereitung nicht mehr als ca. 15 bis 20 % des Gesamttrainingumfanges ausmachen (gemessen in Stunden). Die letzten 4 bis 6 Wochen sollten diese Trainingsformen sehr sparsam eingesetzt werden (im Gegensatz zum allgemeinen Kräftigungstraining, das bis zum Schluss seine Bedeutung hat).

- Verletzungsvorbeugung: Durch den allgemein höheren koordinativen Anspruch mancher alternativer Sportarten beugt man der Gefahr einseitiger Belastungen vor. Alternative Trainings können ein Teil bzw. eine Ergänzung des muskulären Trainings sein.
  Beispiele: Radfahren, Radcross, Schwimmen, Nordic Running, Inlineskaten, Skilanglauf oder Skiroller, Rudern

Radtraining

Das Radtraining ist für viele eine klassische Alternative. Nahezu jeder hat ein Fahrrad zu Hause und kann von Kindesbeinen an Rad fahren. Dennoch gibt es einige Dinge zu beachten.

Beim Radfahren müssen Sie Ihr Körpergewicht nicht tragen. Ebenso sind die Arme kaum beansprucht. In Summe muss weniger Muskulatur mit Sauerstoff versorgt werden. Deshalb ist die Herzfrequenz beim Radfahren um ca. 8 bis 10 Schläge/min niedriger als in den vergleichbaren Zonen des Lauftrainings.

Um den gleichen Ausdauereffekt zu erzielen, sollten Sie die Dauer, ausgehend vom Lauftraining, in etwa verdoppeln. Beispiel: 1 h Laufen entspricht 100 bis 120 min. Radfahren.

Rückt der eigentliche Hauptwettkampf näher, sollten Sie das Radtraining nicht mehr auf hohem Niveau halten, da die dynamische Laufbewegung durch die drückend-ziehende Tretbewegung beim Radfahren leidet – langfristig fühlen sich Ihre Beine schwer an. Dennoch kommt dem Radtraining gerade in und nach Verletzungspausen eine große Rolle zu.

Schwimmen

Ebenso wie beim Radfahren müssen Sie beim Schwimmen nicht Ihr eigenes Gewicht tragen. Zudem wird der Kreislauf durch die horizontale Körperlage weniger belastet.

Durch den überwiegenden Einsatz der Armmuskulatur spielt Schwimmen als regeneratives Training und Training nach Verletzungen eine große Rolle.

Allerdings bedeutet es einen höheren organisatorischen Aufwand, schwimmen zu gehen – erst recht, wenn das nächste Schwimmbad nicht gleich um die Ecke ist.

Aquajogging

Eine besondere Form des Wassersports, die sich auch bei Läufern steigender Beliebtheit erfreut. Beim Aquajogging sind Sie mit aufrechtem Oberkörper unterwegs, der Beineinsatz, den Sie erbringen müssen, ist hoch, die Stoßbelastungen, denen Sie sonst beim Laufen ausgesetzt sind, fallen jedoch völlig weg. Aquajogging eignet sich deshalb hervorragend als Ersatz für das Lauftraining und als Wiederherstellungstraining.

Skilanglauf

Das Skilanglaufen ist als Winter- und als allgemeines Vorbereitungstraining nahezu ideal. Kaum Stoßbelastungen, ein hoher Anteil an arbeitender Muskulatur sowie koordinativer und stabilisierender Anspruch machen Skilanglaufen zu einem qualitativ hochwertigen Alternativtraining.
Als Sommervariante bietet sich Nordic-Skating (Inlinertraining mit Skilanglaufstöcken) oder Skirollertraining an.
Da der Sauerstoffbedarf bei all diesen Formen durch die vermehrte muskuläre Beanspruchung deutlich höher ist, rechnen Sie auf Ihre Trainingsbereiche, die Sie für das Laufen ermittelt haben ca. 8 bis 10 Schläge/min. hinzu und tolerieren die höheren Frequenzen.

Nordic Running

Bei temporären Überbelastungen helfen Nordic-Walking-Stöcke. Nehmen Sie diese zum Lauftraining mit. Trainieren Sie auch an Hügeln und setzen Sie Ihre Arme bewusst ein.

Radcross

Ersetzen Sie die Klickpedale an Ihrem Fahrrad gegebenenfalls durch normale Pedale. Wechseln Sie zwischen Passagen, in denen Sie Ihr Rad schieben und dabei laufen (eine Hand am Sattel), und Passagen, in denen Sie auf dem Rad fahren. Nutzen Sie hügeliges Gelände (bergauf schieben – bergab fahren).

Die Rolle der Regeneration im Training

Im Marathontraining kommt der Regeneration eine bedeutsame Rolle zu. Sie ist ebenso wichtig wie das Training selbst. Das Training bringt den Organismus gewollt aus seinem Gleichgewicht und zwingt ihn zu Anpassungen (Trainingseffekt). Für diese Anpassungsleistung muss man ihm die

Regenerationszeiten

Extensive Dauerläufe von unter 1 Stunde	24 Stunden Erholungszeit. Laufen Sie über 90 min, verlängert sich die Erholungszeit auf 2 Tage
Intensives Training im Bereich der IANS	2 Tage
Intensives Training über der IANS	Ca. 3 Tage
Wettkämpfe	Mindestens 5 Tage; die Faustregel lautet: Tage = ½ × WK-Strecken in Kilometer

nötige Zeit geben. Der Satz »man wird nicht im Training, sondern in der Regenerationszeit schneller«, trifft den Sachverhalt am besten. Das gilt auch für das Kraft- und Koordinationstraining.

Das Modell der Superkompensation

Vereinfacht kann man den Rhythmus Training – Regeneration – Leistungsverbesserung im Modell der Superkompensation darstellen. Das Leistungsniveau wird hier bei null angesetzt. Im Training sinkt das Niveau durch Ermüdung ab. In der Regenerationszeit erholt sich der Körper. In der anschließenden Phase steigt das Leistungsniveau durch einen biologischen Anpassungseffekt wieder an (= Trainingseffekt). Wählt man diesen Zeitraum optimal, findet das Folgetraining auf einem höheren Niveau statt.

Damit lässt sich auch erklären, warum ein verfrühter Trainingsreiz dauerhaft zum Übertraining, ein verspäteter Trainingsreiz zum Verpuffen des Trainingsreizes führt.

»Die Regeneration« im Allgemeinen gibt es nicht. Die Wiederherstellung der beanspruchten Funktionssysteme (z. B. Herzkreislauf-System, Stoffwechsel, Muskulatur) ist sehr komplex und findet in unterschiedlichen Zeiträumen statt. Selbstverständlich ist die Regenerationszeit auch vom individuellen Trainingszustand abhängig.

In der Trainingspraxis gibt es ein paar Regeln, durch die man ermitteln kann, wie lange man nach einer bestimmten Trainingseinheit regenerieren sollte. Die Angaben beziehen sich auf trainierte Läufer und Läuferinnen, die sich in der Marathonvorbereitung befinden. Laufeinsteiger und Fitnessläufer benötigen unter Umständen längere Regenerationszyklen.

Regenerationsbegleitende Maßnahmen

Damit die Regenerationszeiten im Zuge des Marathontrainings möglichst kurz gehalten werden können, sind regenerationsbegleitende, unterstützende Maßnahmen förderlich.

- Auslaufen, Entspannungsgymnastik und Massagen zum Schlackenabtransport und zur Muskellockerung
- Sauna (1-mal wöchentlich) mit ausreichend Flüssigkeitszufuhr (aber nicht vor Wettkämpfen)
- Warmwasserbäder
- Ernährung:
  - Gezielte Eiweißzufuhr vor und direkt nach intensivem Training zur Wiederherstellung der Muskelzellen
  - Erhöhte Kohlehydratzufuhr innerhalb der ersten Stunde nach umfangreichem und intensivem Training – besonders in Verbindung mit Wasser und Kalium, um die Wiederauffüllung der Kohlenhydratspeicher zu beschleunigen
  - Elektrolytzufuhr, insbesondere Natrium, Kalium, Magnesium
  - Vitamine: B_1, B_2, Niacin und C

Trainiert ein Läufer dauerhaft im unregeneriertem Zustand, sind Übertrainingseffekte unvermeidlich. Diese können je nach

STEUERUNG DER TRAININGSBELASTUNG

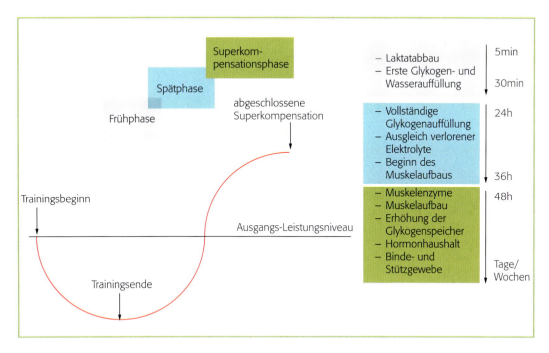

Modell der Superkompensation und Regenerationsphasen

Schwere auch über Erfolg oder Misserfolg einer Marathontrainingsphase entscheiden.

Übertraining

Sind Sie erst einmal in den Übertrainingszustand gelangt, ist es schwierig, die alte Leistungsbereitschaft schnell zurückzuerlangen. Zunächst ist es aber wichtig zu wissen, woran Sie Übertraining erkennen können.

Die üblichsten Ursachen sind:
- Zu hohe Intensität bei zu geringer Grundlagenausdauer
- Zu eintöniges Training – nur umfangsorientiertes Training
- Training unter Stress
- Training bei Verletzungen oder Krankheiten
- Keine Regenerationszeiten – zu dichte Abfolge von Trainingsreizen
- Einseitige Ernährung

MASSNAHMEN BEI ÜBERTRAINING

- Auf Trainingsalternativen ausweichen
- Intensität bzw. Umfang reduzieren
- Passive regenerative Maßnahmen ergreifen
- Ernährung

Symptome bei Übertraining

**Erregungsübertraining –
Sie haben zu intensiv trainiert**

Leichte Ermüdbarkeit
Dauerhafte Erregungszustände
Innere Unruhe
Appetitlosigkeit
Gewichtsverlust
Kopfschmerz
Schlafstörungen
Erhöhter Herzschlag
Langsame HF-Beruhigung
Erhöhter Grundumsatz
Beschleunigte Atmung bei Belastung
Akute Verletzungen

**Hemmungsübertraining –
Sie haben zu umfangreich trainiert**

Abnorme Müdigkeit
Hemmungszustände
Phlegma
Normaler Appetit
Normales Gewicht
Sehr niedrige Herzfrequenz in Ruhe und in Belastung
Überlastungsschäden

Althergebrachte Missverständnisse

Kein Training = Regeneration

Auch wenn Sie nicht aktiv trainieren, können Stressfaktoren (Familie, Beruf etc.) Ihre Regeneration beeinflussen. Diese externen Einflüsse sollten Sie nicht unterschätzen. Schaffen Sie ein entsprechendes erholsames Umfeld; korrigieren Sie nötigenfalls Ihre ambitionierten Ziele.

Muskelkater kann man »rauslaufen«

Als Muskelkater bezeichnet man kleine Mikroverletzungen, die durch eine – zum Teil gezielte und gewollte – Trainingsreizsetzung entstehen und nachhaltig zur Anpassung führen. Vermeiden Sie die Bewegungsformen, die zum Muskelkater führen (z. B. auch Lauftraining), führen Sie vermehrt Aminosäuren zu. Warmwasserbäder, Schwimmen bzw. sanfte stoffwechselanregende Bewegungsformen sind förderlich. Nicht dehnen!

Lockeres Laufen fördert die Regeneration

Es gibt keine regenerativen Läufe. Zwar spielt die Stoffwechselanregung beim langsamen Dauerlauf eine wichtige Rolle. Dennoch gibt es keine einzige Untersuchung, die belegt, dass regeneratives Laufen die Erholungszeit verkürze. Das Gegenteil ist der Fall: Der vermeintliche Nutzen wird durch eine träge Bewegung und damit durch eine Verinnerlichung monotoner Bewegungsmuster aufgehoben. Auch bei einem langsamen Dauerlauf müssen Sie Ihr Körpergewicht tragen, was zu Überlastungserscheinungen führen kann. Die erhöhte Stoßgefahr bei verminderter Körperspannung (durch Vorermüdung und betont langsames Laufen) erhöht sogar die Verletzungsgefahr.

Wenn Sie ein stoffwechselanregendes Training durchführen möchten, bedienen Sie sich besser alternativer Trainingsformen wie Schwimmen, Radfahren oder auch mal nur Spazierengehen.

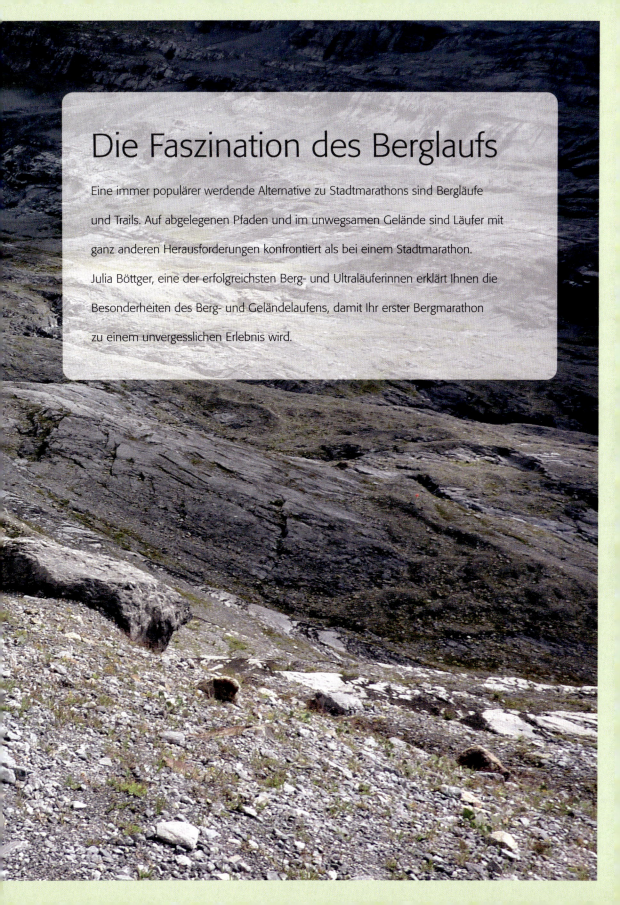

Die Faszination des Berglaufs

Eine immer populärer werdende Alternative zu Stadtmarathons sind Bergläufe und Trails. Auf abgelegenen Pfaden und im unwegsamen Gelände sind Läufer mit ganz anderen Herausforderungen konfrontiert als bei einem Stadtmarathon. Julia Böttger, eine der erfolgreichsten Berg- und Ultraläuferinnen erklärt Ihnen die Besonderheiten des Berg- und Geländelaufens, damit Ihr erster Bergmarathon zu einem unvergesslichen Erlebnis wird.

Bergeweise Läuferglück

Laufen kann man fast überall. Laufen lebt von der Vielseitigkeit und von der Lust, sich draußen zu bewegen. Ob auf der Straße, im Stadtpark, im freien Gelände, durch Matsch, Pfützen, tiefen Schnee oder in den Bergen – laufen ist und bleibt laufen. Und doch ist es anders. Kann es anders sein. Mal liegt es an einem selbst, mal am Wetter und mal auch am Umfeld.

Fühlt sich ein Lauf auf Asphaltwegen, mitten in der Großstadt, nicht ganz anders an als ein einsamer Lauf auf Bergpfaden im morgendlichen Sonnenaufgang? So unterschiedlich die Empfindungen beim Laufen sind, so unterschiedlich sind auch die Vorlieben.

Zählen Sie zu den Läufern, die in Vorbereitung auf den nächsten Straßenmarathon die immer gleichen Asphaltpfade entlang laufen, obwohl Sie eigentlich gar keine Lust mehr auf Stadtmarathon haben? Oder gehören Sie zu den Läufern, die notgedrungen immer die gleichen Asphaltrunden drehen, weil das Laufgebiet nicht mehr hergibt? Dann blicken Sie doch mal über den Tellerrand: Klingen Jungfrau, Matterhorn und Mont Blanc nicht viel schöner als Berlin, Hamburg oder London?

Zugegeben, am Berg werden Sie nicht von tausenden Menschen bejubelt und motivierende Worte am Wegesrand sind selten. Sie stehen am frühen Morgen mit nur ein paar hundert Läufern an der Startlinie und die meisten davon sehen Sie erst im Ziel wieder. Abschnittsweise sind Sie sogar ganz alleine auf der Strecke. Aber es ist eine neue und andere Herausforderung, auf einen Berg zu laufen. Bergeweise Läuferglück!

Immer mehr Läufer stellen sich der Herausforderung, auch wenn die Motivation dazu sehr unterschiedlich ist. Die einen machen es aus Neugier, andere, weil sie das Asphaltlaufen langweilt, oder einfach nur aus Leidenschaft zu den Bergen.

Der Bergmarathon – Begriffsklärung

Ganz pragmatisch betrachtet, bedeutet Bergmarathon einen Lauf über die Marathondistanz von 42,195 km – meist in den Bergen – gespickt mit zahlreichen Höhenmetern und Anstiegen.

Das zumindest ist die weitläufige Vorstellung. Eine offizielle Definition gibt es jedoch nicht – weder für die Disziplin Bergmarathon noch für den Berglauf generell. So gehen auch die Meinungen weit auseinander, ab wie vielen Höhenmetern man überhaupt von Berglauf sprechen kann und ob diese Höhenmeter am Stück oder über viele kleine Anstiege gesammelt werden können. Der größte Streitpunkt in der »Berglaufgemeinde« ist jedoch die Frage, ob Berglauf ein reiner »Bergauf-Wettkampf« ist oder ob auch bergab laufen akzeptiert werden kann. Es gibt Veranstaltungen, die vom Tal hoch zum Gipfel führen und dort enden, und andere, deren Ziel im Tal ist. Die sehr unterschiedlichen Philosophien schlagen sich auch im Austragungsmodus der Weltmeisterschaften im Berglauf deutlich nieder: Um allen gerecht zu werden, wird im wechselnden Modus gelaufen – ein Jahr im reinen Bergauf-Modus und im nächsten Jahr wieder im Bergauf-bergab-Modus.

Viele Bergläufe nennen sich zwar Bergmarathon, ihre Streckenlänge ist aber entweder deutlich kürzer oder deutlich länger als die klassischen 42,195 km. Die Läufe über 42,195 km müssten korrekterweise Ultralauf genannt werden, die kürzeren Läufe einfach nur Berglauf. Auch ein einfacher Berglauf kann sich aber so anstrengend anfühlen wie ein Marathon – in erster Linie kommt es auf die Strecke an. Worüber sich Funktionäre trefflich streiten können, ist für viele Bergmarathonfans völlig unbedeutend.

Ein Berglauf ist ein Naturerlebnis und bietet Ihnen als Läufer ganz neue Eindrücke, Herausforderungen und Erfahrungen – Sie müssen nur bereit sein, sich darauf einzulassen! Es hilft, den Weg das sprichwörtliche Ziel sein zu lassen und Zeiten und Kilometerleistungen zu vergessen.
Nehmen Sie sich die Zeit, den Ausblick zu genießen und einfach zu laufen. Das Gefühl, aus eigener Kraft, nur mit seinen zwei Beinen, Berge zu bezwingen und sich Gipfelglück zu erlaufen, kann eine wunderbare Erfahrung sein, die süchtig macht.

Der Unterschied zwischen Stadt- und Bergmarathon

Das dicke Ende kommt meist zum Schluss! Während viele Läufer beim Stadtmarathon während den letzten Kilometern auf den Mann mit dem vermeintlichen Hammer warten, warten auf den Bergläufer hier meist die steilsten Passagen und die meisten Höhenmeter. Viele Bergmarathons werden auf den letzten Kilometern und vor allem auf den letzten Höhenmetern noch mal richtig schwierig. Deswegen sollten Sie sich Ihre Kräfte von Anfang an gut einteilen.

Die meist flachen Anfangskilometer im Ort sollten zum Einlaufen genutzt werden und nicht zum Gewinnen von Sekunden. Auf den späteren Berganstiegen werden diese Sekundengewinne meist wieder pulverisiert. Zum Beispiel liegt der härteste Streckenabschnitt beim Jungfrau-Marathon auf den letzten vier Kilometern. Hier sollte man noch über ausreichende Kräfte verfügen, damit man das anspruchsvolle und technisch schwierige Gelände mit der nötigen Aufmerksamkeit bewerkstelligen kann.

Im Gegensatz zum Straßenlauf ist ein Abbruch des Rennens wegen Erschöpfung im alpinen Gelände meist nicht oder sehr schwer möglich. Aus diesem Grund ist eine realistische und ehrliche Selbsteinschätzung der eigenen Kräfte und der eigenen Fitness vor dem Start dringend anzuraten. Reflektieren Sie an jeder Verpflegungsstelle kurz, wie es Ihnen geht und ob Sie in der Lage sind weiterzulaufen.

Der »Mehrwert« eines Bergmarathons ist ja schließlich auch die wunderbare Berglandschaft inklusive Panorama (insofern dieses, je nach Wetter, vorhanden ist), und die sollte man trotz Anstrengung genießen können und nicht aufgrund von Qualen verpassen.

Ganz ohne Qualen geht es aber nur selten – trotzdem empfinden viele Bergläufer den Wettkampf im Vergleich zum Straßenmarathon als entspannter. Das liegt sicherlich an der abwechslungsreichen Landschaft und den unterschiedlichen Bodenbeschaffenheiten. Außerdem gibt es bei Bergmarathons zwar sehr viel weniger Starter, dafür finden sich eher interessante Mitstreiter, die zu einem Plausch aufgelegt sind.

Überraschend wird es für Sie sein zu hören, dass es den meisten Bergläufern am nächsten Tag wesentlich besser geht als Teilnehmern nach einem flachen Stadtmarathon. Beim Laufen auf hartem Asphalt werden Muskeln und Gelenke recht monoton beansprucht. Beim Berglauf wird meist in deutlich langsamerem Tempo gelaufen, die Belastung ist weniger einseitig und die Regenerationszeit kürzer. Aus diesem Grund laufen erfahrene Bergläufer auch viel mehr Wettkämpfe in kürzeren Zeitabständen, als es Straßenläufern möglich ist. Der Flüssigkeits- und Kalorienverlust in den Bergen ist im Vergleich zum Laufen im Flachen deutlich erhöht. Achten Sie deshalb darauf, an den Verpflegungsstellen genug zu trinken und zu essen. Der Punkt ist gerade auch deshalb wichtig, weil die Abstände zwischen den einzelnen Verpflegungsstellen meist sehr groß sind. Läufer, die sich auf eine Versorgung wie bei Straßenmarathons verlassen, können so in brenzlige Situationen geraten. Informieren Sie sich deshalb immer vor dem Start, wann und mit wie vielen Verpflegungsstellen Sie rechnen können.

Beim Berglauf ist nicht nur die Beinschnelligkeit gefragt – das Anforderungsprofil ist sehr viel facettenreicher: Es gilt, sich mit wechselnden Bodenbeschaffenheiten auseinanderzusetzen, Kraft für lange und zehrende Bergpassagen aufzubauen, die Koordination für technische Downhill-Passagen zu entwickeln und dabei trotzdem schnell zu sein. Orientierungsläufer, Triathleten und auch Mountainbiker erzielen deshalb am Berg gute Ergebnisse, obwohl sie auf der Straße langsamer sind als ihre Läuferkonkurrenz.

VORWORT: BERGEWEISE LÄUFERGLÜCK

Bei Bergläufen kann das Gelände anspruchsvoll sein.

Vorbereitung und Training

Weitläufig herrscht die Meinung, dass, zumindest trainingstechnisch gesehen, der angehende Bergläufer nicht unbedingt in den Bergen trainieren muss, um einen Bergmarathon erfolgreich zu finishen. Diese Annahme wird auch immer wieder von den guten Ergebnissen einiger schneller Straßenläufer bei Bergmarathonveranstaltungen, wie zum Beispiel dem Jungfrau-Marathon, bestätigt. Bei technisch schwierigen und hochalpinen Läufen dominieren dann aber doch die Bergspezialisten.

Leider gibt es keine fundierten trainingswissenschaftlichen Studien oder Untersuchungen zu diesem Thema – infolgedessen auch keine klar definierten Trainingsmethoden. Die meisten Bergläufer entwickeln ihre eigene Trainingstaktik auf Basis ihrer Erfahrungen. Der eine schwört auf »so viele Höhenmeter wie möglich«, der andere meint, dass »kurze Bergintervalle am Hügel« völlig reichen. Wie Sie sich entscheiden und wo Sie trainieren, hängt wahrscheinlich in erster Linie von Ihrem Wohnort ab. Wenn Sie keine 2000er vor der Tür haben, muss auch der »Erdhügel« um die Ecke reichen. Entscheidend für die Teilnahme an einem Bergmarathon und einem erfolgreichen Finishen ist nicht die Frage, ob Sie in optimaler Bergumgebung wohnen, sondern, ob Sie sich der Herausforderung Berg stellen möchten und sich auf eine neue und spannende Form des Laufens einlassen wollen. Wenn Sie sich vom Straßenlauf zum Berglauf orientieren möchten, müssen Sie auch Ihre Sichtweise auf Zeiten und Kilometer ein wenig den Gegebenheiten anpassen. Es wäre zu schade, wenn Sie den Berg nur als Hindernis und Qual sehen würden, Ihren schnellen Kilometerzeiten hinterhertrauern und die Vorbereitungsläufe im Gelände als Pflicht empfinden würden. Berg- und Trailrunning ist mehr! Es kann mehr und es gibt Ihnen mehr als das Sammeln von Kilometern auf der Straße. Das Laufen in den Bergen ist ein Erlebnis – man muss sich nur darauf einlassen. Dann kommen Spaß und Erfolg von ganz alleine und nebenbei laufen Sie viel lockerer und unverkrampfter. Auch ambitionierte Straßenläufer ohne Wettkampfambitionen am Berg profitieren von dieser Trainingsalternative.

Sie müssen also nicht unbedingt in den Bergen wohnen, um sich für einen Bergmarathon fit zu machen und diesen erfolgreich zu finishen. Viele gute Bergläufer trainieren den überwiegenden Teil ihrer Laufkilometer auf flachem Terrain. Im Prinzip kann man sagen: Was für das normale Marathontraining gilt, gilt auch für das Bergmarathontraining – entscheidend für den Erfolg sind die langen Läufe. Gut auf und über den Berg kommt, wer reichlich lange, langsame Läufe in den Beinen hat – idealerweise im profilierten Gelände. Da der Bergmarathon aufgrund seiner Höhenmeter für die meisten Läufer ein bis zwei Stunden länger dauert, als man es vom Flachmarathon gewohnt ist, sollten diese langen Trainingsläufe ruhig etwas länger dauern als normalerweise. Bei Ihren Bergeinheiten können Sie auch immer wieder schnelle »Wanderpassagen« einbauen. Damit trainieren Sie sozusagen die reale Wettkampfsituation, denn die wenigsten Läufer schaffen es, den gesamten Bergmarathon – vor allem an steilen Stücken – durchzulaufen.

Alpine Gefahren

Zur optimalen Vorbereitung auf einen Bergmarathon gehört nicht allein das Training, sondern auch eine Auseinandersetzung mit alpinen Gefahren und Trittsicherheit. Beide Faktoren lassen sich schwer im Flachland einstudieren. Nutzen Sie z. B. einen Wanderurlaub, um sich mit dem Thema »Verhalten in den Bergen« zu beschäftigen, Ihre Trittsicherheit zu festigen und eventuelle Probleme wie Höhenangst oder Schwindel zu erkennen. Im Wettkampf und mit zunehmender Erschöpfung wäre es lebensgefährlich, an Steilpassagen Höhenangst zu bekommen.

Sollten Sie sich für einen Bergmarathon entschieden haben, der durch hochalpines Gelände und in Höhen von deutlich über 2000 m führt, sollten Sie sich unbedingt akklimatisieren. Der Körper benötigt eine Weile, um sich an die dünnere Höhenluft anzupassen und leistungsfähig zu bleiben.

In den Bergen sind zuallererst Sie für sich selbst verantwortlich. Bei Problemen und Unfällen kann es lange dauern, bis ein Rettungsteam vor Ort ist bzw. die Rettungsaktion überhaupt eingeleitet werden kann. Denken Sie immer daran, dass Sie sich im alpinen Gelände bewegen und, anders als beim Stadtmarathon, nicht an jeder Ecke ein Helfer steht.

Aus diesem Grund schreiben mittlerweile viele Veranstalter von Ultraberglaufen ihren Teilnehmern vor, was sie als Pflichtausrüstung während des Wettkampfes mitführen müssen. Diese Pflichtausrüstung setzt sich im Groben zusammen aus: Rettungsdecke, Notfallpfeife, wärmender Kleidung, Notreserve an Wasser und Verpflegung, Stirnlampe, Mobiltelefon und Tape.

Jeder Bergmarathon hat seinen eigenen Charakter, sein eigenes Streckenprofil. Es ist deshalb sehr schwierig, ein Standardprogramm für die perfekte Vorbereitung zu empfehlen.

Schließlich macht es einen Unterschied, ob ein Wettkampf nur bergauf oder bergauf und bergab geht. Außerdem sind natürlich auch die zu bewältigenden Kilometer und Höhenmeter extrem entscheidend. Informieren Sie sich im Vorfeld genau, dann können Sie in der Vorbereitung auf die Besonderheiten eingehen und entsprechende Trainingselemente einbauen.

Laufen neben der Straße – der Einstieg ins Gelände

Seit Jahren laufen Sie Ihre Trainingsrunden auf der Straße oder im nächstgelegenen Stadtpark? Im Wald halten Sie sich an die großen Forstwege, weil die kleinen Abzweigungen zu uneben aussehen? Schon mal auf die Idee gekommen, am Wochenende in die nächste Wanderregion zu fahren, um dort laufend neue Gegenden und Strecken zu erkunden? Bergpfade sind nicht nur zum Wandern da! Also raus aus dem Alltagsläufer-Trott – es wird Zeit, etwas zu verändern. Im Folgenden noch ein paar Tipps, falls es Sie beim Gedanken ans Offroad-Laufen schon in den Beinen kribbelt.

Offroad schleicht sich keine Langeweile ein.

Tipps zum Offroad-Laufen

- Die Lust, Neues zu erleben, ist die Hauptvoraussetzung für Ihr neues Läuferleben. Es liegt nicht jedem, in unrundem Gelände unterwegs zu sein, eine unbekannte Strecke zu laufen und nach wenigen oder doch etwas mehr Minuten festzustellen, dass der Weg nicht weitergeht, zu steil wird oder einfach nicht mehr laufbar ist. Dann heißt es umkehren und einen neuen Weg suchen. Stellen Sie sich darauf ein, in das ein oder andere Schlammloch zu tappen, nasse Füße zu bekommen und hin und wieder auch kleine Schrammen von Ihrem Abenteuer davonzutragen. Dreckspritzer sind quasi obligatorisch und gehören zum Markenzeichen eines guten Offroaders.
- Denken Sie daran, dass Sie für Ihre Laufausflüge im Gelände sehr viel mehr Zeit einplanen müssen. Auch wenn Sie sich vorher ein Bild davon gemacht haben, wie viele Kilometer Ihre geplante Runde haben wird, wissen Sie zwar, wie weit Sie laufen wollen – über die Zeit, die Sie dafür brauchen werden, sagen die Kilometer aber noch gar nichts aus. Auf einem richtig anspruchsvollen Trail im bergigen Gelände können zehn Laufkilometer schnell die doppelte Zeit in Anspruch nehmen als auf der Straße.
- Gehen Sie es locker an und versuchen Sie mal, Ihre Laufrunde nicht als Trainingsrunde zu sehen. Locker zu laufen heißt aber nicht, die Grundvoraussetzungen, die für jeden Läufer wichtig sind, außer Acht zu lassen. Gerade bei wechselnden Bedingun-

VORBEREITUNG UND TRAINING

gen und Untergründen brauchen Sie eine gewisse Körperstabilität, um verletzungsfrei laufen zu können. Wenn die Basis stimmt und die Lust am Laufen groß ist, verkrampfen Sie auch ganz sicher nicht, wenn der nächste Anstieg in Sichtweite kommt.

■ Laufen Sie vorausschauend und behalten Sie sowohl den Boden als auch die Umgebung im Auge. Achten Sie darauf, wo Sie die Füße aufsetzen können und ob Sie Hindernissen ausweichen müssen.

■ Lernen Sie, die unterschiedlichen Untergründe zu interpretieren. Bei Matsch und Schlamm werden Sie manchmal wohl oder übel bis zu den Knöcheln einsinken. Schlamm ist meistens klebrig und bleibt im Sohlenprofil hängen.

■ Fels und Geröll kann sehr tückisch sein – wie Sie hier laufen müssen, hängt sehr von der Größe der Steine ab. Wenn es zu unübersichtlich wird, ist es manchmal klüger, einen Gang runterzuschalten und diese Passagen zu gehen. Sind die Felsen groß genug, kann man als Alternative von Fels zu Fels springen.

■ Achtung: Bei nassen Hindernissen wie Wurzeln ist generell Vorsicht angesagt. Überlegen Sie sich gut, ob Sie auf das Hindernis treten wollen oder doch lieber darüber steigen.

■ Bei der Hausstrecke kennen Sie jeden Halm und Stein – anders bei neuen und unbekannten Laufregionen. Hier ist man gut damit beraten, eine topographische Karte oder ein GPS-Gerät mitzunehmen. Zur eigenen Sicherheit sollten Sie immer auch ein Notgepäck mit Wasser, Energieriegel, Wärme- und Regenschutz sowie ein Mobiltelefon in Ihren Laufrucksack packen. Eine kleine Stirnlampe sollte ebenfalls mit, bei Dämmerung und Dunkelheit hat sie mich schon oft vor dem Umknicken bewahrt.

■ Das Laufen im Gelände ist in der Regel anstrengender und schweißtreibender als im asphaltierten Flachland. Den hohen Flüssigkeitsverlust müssen Sie rechtzeitig ausgleichen. Einen Kiosk werden Sie im Gebirge eher selten finden – als Alternative gibt es Hütten und Almen, je nach Region auch einen erfrischenden Gebirgsbach. Wenn Sie auf Nummer sicher gehen wollen, sollten Sie einfach ausreichend Flüssigkeit im Trinkrucksack mitnehmen.

Auf dem Eiger-Trail entlang des Gletschers

65

Für jeden Bergläufer ist der Trans-Alpine-Run ein Traum.

Spezielles Berglauftraining / Berglauftechnik

Berglaufen ist eine hocheffektive Belastung, weil es die Muskulatur und den Herzkreislauf gleichermaßen intensiv beansprucht. Kraft, Ausdauer und die Tempofähigkeit werden gefördert, d. h., von einem Bergtraining können Sie auch bei einem Flachmarathon profitieren.

Beim Lauftraining an einer Steigung werden die unterschiedlichsten Muskelgruppen optimal trainiert und die Laufökonomie (möglichst energiesparend laufen) erhöht.

Der Kniehub verbessert sich und durch die etwas andere Körperhaltung schulen Sie Muskelgruppen wie Gesäß-, vordere Oberschenkel- und Rückenmuskulatur, die beim flachen Laufen eher vernachlässigt werden. Der gesamten Stütz- und Bewegungsapparat wird beim Bergauflaufen mehr geschont, weil die Aufprallkräfte in der Steigung stark reduziert werden und die Schritte kürzer sind. Allerdings sind Wadenmuskulatur und Achillessehne aufgrund des stärkeren Fußabdrucks und der größeren Beugung im Fußgelenk größeren Belastungen ausgesetzt. Um Überlastungen zu vermeiden, ist es deshalb ratsam, die gelaufenen Höhenmeter langsam zu steigern.

Vorteile des Bergtrainings

- Durch die konzentrische Belastung, die beim Bergauflaufen stattfindet, und die exzentrische Belastung bergab werden Kraftausdauer und Muskelelastizität entwickelt.
- Schrittgeschwindigkeit und -länge werden verbessert.
- Der Armeinsatz wird während der Antriebsphase optimiert, die Füße werden während der Stützphase gestärkt.
- Die Körperstabilität wird verbessert (beim Abwärtslaufen).
- Die allgemeine Ausdauerleistung nimmt zu.
- Die Koordination wird geschult und Überlastungsbeschwerden wird vorgebeugt, da im Gelände ein monotones Laufen durch Tempowechsel, Schrittlängen- und Schrittfrequenzwechsel minimiert wird.
- Die Konzentrationsfähigkeit wird verbessert, da im Gelände schnell reagiert und ausgewichen werden muss.
- Das Verletzungsrisiko wird reduziert, weil keine monotonen Bewegungen ausgeführt werden. Die durch das Laufen im Gelände gestärkten Fußgelenke verringern die Belastung für die gesamte Unterschenkelmuskulatur und nehmen »Druck« vom Knie.

Bergab laufen

Kein Bereich beim Berglauf ist so umstritten wie das Bergablaufen. Die Meinungen reichen von »komplett schädlich und gelenkzerstörend« bis hin zu »gehört dazu« und »kein Problem«. Auch zu diesem Thema gibt es keine Studien, die entweder die positiven oder die negativen Behauptungen untermauern könnten. Somit bleibt es jedem Läufer selbst überlassen, was er seinem Körper zumutet und zutraut.

Wenn Sie auch bergab gut zu Fuß sein wollen, sollten Sie unbedingt an Ihrer Bergablauf-Technik arbeiten. Nur so können Sie den Berg ohne Probleme hinabstürmen oder kurze Abstiege im Wettkampf gut meistern. Die härtesten Passagen beim Bergmarathon sind nämlich meist nicht die steilen Anstiege, sondern die langen Gefälle in zum Teil unwegsamem Gelände.

Wie läuft man richtig bergab?

Das Bergablaufen ist eine Kombination aus Physiologie, physikalischen Gesetzmäßigkeiten und Lauftechnik. Kurz: Vertikale Bewegungen sollten verhindert, kurze und schnelle Schritte gesetzt und Bremseffekte vermieden werden. Gerade bergab wird eine gute und effiziente Lauftechnik belohnt! Dies kostet jedoch etwas Übung und sollte zuerst in geringem bis mittlerem Gefälle trainiert werden. Nutzen Sie die Schwerkraft, statt sie zu bekämpfen, und Sie werden schon bald feststellen, dass ein langsames Bergablaufen mehr Energie kostet als ein schnelles.

Setzen Sie Ihre Energie nicht für bremsende und beschleunigende Bewegungen ein, sondern für die Stützung des Körpers und Erhalt des Gleichgewichts. Sie laufen dann automatisch schneller, aber auch kontrollierter den Berg hinab. Wichtig ist, dass Sie das sogenannte Trepp-ab-Laufen vermeiden und vielmehr den Berg hinunter-»rollen«. Sie haben sonst einen ständigen Wechsel von Abbremsen und Beschleunigen und eine Zunahme von Stoßbelastungen auf Ihre Gelenke. Lassen Sie sich den Berg mit leicht nach vorne geneigtem Oberkörper, locker und kontrolliert laufend, nach unten fallen und versuchen Sie dabei, möglichst mit den Fußballen aufzusetzen und nicht zu sehr über die Ferse abzurollen, damit es nicht zu einer die Knie belastenden Stemmbewegung kommt. Setzen Sie den Fuß möglichst unter dem Körper auf und machen Sie eher kleine Schritte mit hoher Trittfrequenz, wobei die Gelenke elastisch und »federnd« bleiben sollten (wie bei Raubtierkatzen). Im Übrigen haben Untersuchungen nachgewiesen, dass sich Muskelzellen an Bergab-Belastungen erinnern können. Das Nervensystem lernt im Lauf der Zeit, Aufprallimpulse effizienter zu verteilen.

Dennoch sollten Sie im Wettkampf nicht bei jeder Abwärtspassage versuchen, neue Geschwindigkeitsrekorde aufzustellen. Durch die erhöhte Belastung der Oberschenkelmuskulatur haben sich diese Passagen schon oft negativ auf die Gesamtlaufzeit ausgewirkt, vor allem dann, wenn nach dem Downhill wieder große Anstiege folgen. Beim Tirol-Speed-Marathon, der ein reiner Bergab-Marathon ist, hatte man mit neuen Marathon-Rekordzeiten gerechnet. Das, was ein Vorteil hätte sein sollen, erwies sich aber eher als Nachteil – anstatt schneller zu laufen, hatten die Läufer durch die Bergab-Belastung der Oberschenkelmuskulatur eher schlechtere Zeiten.

Bergauf laufen

Bergauf zu laufen ist bekanntlich anstrengend, aber durchaus machbar. Wie immer gilt es, locker zu bleiben und keine »Angst« vor einem langen Anstieg zu haben. Teilen Sie sich den Berg in kleine Abschnitte ein und konzentrieren Sie sich immer nur auf das Stück, das Sie vor sich haben.

Wie läuft man richtig bergauf?

Je steiler das Gelände wird, desto mehr muss das Gewicht auf die Zehen verlagert werden. Damit verschiebt sich der Körperschwerpunkt in Richtung Berg und bringt mehr Impuls für den nächsten Schritt. Gelaufen wird mehr auf den Fußballen. Die Schrittlänge wird verkürzt, doch die Frequenz bleibt gleich. Große Schritte zu machen ist weniger effizient und führt schneller zur Ermüdung. Durch kleinere Schritte wird obendrein die Achillessehne entlastet. Die Hüfte sollte bei leicht nach vorn gelehnter Körperposition möglichst in Richtung Berg geschoben werden. Die Arme sollten bewusst als aktive Schwungmasse einsetzt werden, denn sie helfen bei der Entlastung der Beine. Bei sehr steilen Passagen können Sie die Steigung etwas verringern, wenn Sie die Serpentinen möglichst auslaufen.

Passen Sie Ihren Laufstil dem Gelände an – ab einer Steigung von etwa 15 bis 20 % ist der weniger durchtrainierte Bergläufer gehend häufig schneller als laufend. Passagen über 20 % laufen nur noch wenige Spezialisten.

Welche Gangart für Sie die richtige ist, müssen Sie selbst für sich herausfinden. Stellen Sie sich schon im Vorfeld darauf ein, dass Sie unter Umständen gehen müssen, dann werden die Gehpassagen psychisch weniger belastend. Mit der Zeit werden Sie herausfinden, ob es für Ihren eigenen Rhythmus besser ist, steile Passagen schnell zu gehen oder langsam zu laufen.

Trainieren Sie auch schnelles Berggehen im Vorfeld. Dabei können Sie auch Ihre Arme aktiv einsetzen, indem Sie sie auf den Oberschenkeln abstützen und dadurch die Kniestreckung unterstützen.

Es ist keineswegs blamabel, bei einem Berglauf eine Gehpause einzulegen – die meisten anderen Teilnehmer machen es ebenso.

Was Sie beim Wettkampf beachten müssen

Nach einer ausführlichen Vorbereitung bringt es viele Vorteile mit sich, frühzeitig vor Ort zu sein. Reisen Sie also rechtzeitig zum Bergmarathon an. Dieser Rat ist vor allem dann wichtig, wenn Sie aus dem Flachland kommen. Die Bergluft zu schnuppern und den Körper nebenbei an die Höhe zu gewöhnen, erleichtert Ihnen den Wettkampf.

Das Streckenprofil

Machen Sie sich unbedingt vorher mit dem Streckenprofil vertraut. Nur so sind Sie vor bösen Überraschungen gefeit und können sich das Rennen richtig einteilen. Es ist ein großer Unterschied, ob Sie zwei oder drei Anstiege bewältigen müssen. Genauso, ob die erste Hälfte im Flachen gelaufen wird und in der zweiten Hälfte die gesamten Höhenmeter bewältigt werden müssen oder ob sich die Steigung gleichmäßig über die gesamte Strecke verteilt.

Drucken Sie das Streckenprofil verkleinert aus und nehmen Sie es für Ihre Orientierung zum Wettkampf mit. Die wenigsten Bergmarathonveranstaltungen weisen die Strecke mit Kilometerschildern aus.

Auch wenn man daran eigentlich nicht denken möchte, ist es wichtig zu wissen, wo Sie bei einem Bergrennen im Notfall aussteigen können. Es muss nicht immer die persönliche Tagesform sein, die Sie zur Aufgabe zwingt – manchmal sind es auch Schlechtwettereinbrüche, die ein Weiterlaufen gefährlich werden lassen. Wenn Sie das Rennen frühzeitig beenden, melden Sie sich bitte umgehend bei der nächsten Verpflegungs- oder Kontrollstelle, damit nicht später eine teure und unnötige Bergsuche in Gang gesetzt wird.

Die zeitliche Einschätzung

Um im Vorfeld abschätzen zu können, wie lange man für den Wettkampf brauchen wird, hilft ein Blick in die Ergebnislisten der Vorjahre. Wenn Sie bereits Marathonerfahrung haben, werden Sie wissen, ob Sie sich eher im vorderen oder hinteren Feld bewegen werden.

Beim Bergmarathon ist man leicht ein bis zwei Stunden länger unterwegs als auf einer flachen Strecke. Die Faustformel: 100 Höhenmeter entsprechen ungefähr einer Zusatzstrecke von 700 Metern. Wenn ein Bergmarathon also 2000 Höhenmeter aufweist, entspricht die voraussichtliche Wettkampfzeit einem Lauf in flachem Gelände über 56 Kilometer. Bei derart langen Läufen ist eine gute Wettkampfeinteilung das A und O.

Das Wetter

Beim Packen der Wettkampftasche sollten Sie alle Variationen an Laufbekleidung einpacken, die Sie haben. Die Wetterverhältnisse in den Bergen können sich von einem Tag auf den anderen extrem ändern. Schon oft waren am Wettkampfort plötzlich alle Laufhandschuhe ausverkauft, weil ein überraschender Wetterumsturz kalte Temperaturen und Schnee brachte.

Je höher eine Marathonroute führt, umso heftiger können die Wetterverhältnisse sein. Je langsamer und länger man unterwegs ist, desto wichtiger sind Wärme-, Wind- und Regenbekleidung. Sie können Wechselkleidung und Notfallequipment in einen eigenen Rücksack packen und mitnehmen oder durch einen Betreuer an der Strecke deponieren lassen. Auch hier gilt: Jeder Läufer ist für sich selbst verantwortlich und muss sich entsprechend ausrüsten. Die aktuellen Wetterprognosen zu studieren, gehört zu jeder soliden Vorbereitung.

In den Bergen ist die Strahlkraft der Sonne deutlich höher als im Flachland. Sonnenbrille, Kopfbedeckung und Sonnencreme mit hohem Lichtschutzfaktor schützen Sie vor bösen Überraschungen. Ein einfacher Sonnenbrand ist da noch das kleinste Übel.

Das Wettkampftempo

Wenn dann endlich der Startschuss fällt, ist die Versuchung groß, mit den anderen mitzustürmen. Lassen Sie es langsam angehen und versuchen Sie so schnell wie möglich, Ihren eigenen Rhythmus zu finden! Laufen Sie in einem Tempo, das Sie auch längerfristig durchhalten können. Es ist weitaus motivierender, andere im letzten Viertel des Rennens zu überholen, als selbst überholt zu werden. Denken Sie daran, dass Überholmanöver beim Anstieg in den Bergen deutlich mehr Kraft und Energie kosten als auf der Straße. Obendrein sind manche Bergpfade schmal und ausgesetzt, sodass wilde Überholmanöver auch nicht ganz ungefährlich sind.

Wie schon erwähnt, liegt das große Geheimnis des Berglaufs darin, locker zu bleiben. Versuchen Sie nicht, das Tempo mit Gewalt zu halten oder einen Anstieg zu erstürmen – das kostet Sie viel Energie und lässt die Muskeln ermüden. Völlig verkrampft in einer Art mentalem Tunnel zu laufen bringt Sie um das wahre Vergnügen des Berglaufs. Nehmen Sie die Natur in sich auf, spüren Sie die Kraft der Berge und genießen Sie die sagenhaften Ausblicke.

Verpflegung

Beim Berglauf haben Sie einen erhöhten Flüssigkeits- und Energiebedarf, deshalb müssen Sie hier besonders gut mit Ihren Energiereserven haushalten. Denken Sie daran, dass Sie beim Bergmarathon in der Regel länger unterwegs sind und die Verpflegungsstellen meist weit auseinanderliegen. Essen und trinken Sie deshalb rechtzeitig, regelmäßig und vor allem ausreichend.

Bei Bergläufen, deren Ziel der Gipfel ist, wird das Gepäck üblicherweise mit einer Seilbahn, einem Geländewagen oder gar einem Hubschrauber dorthin transportiert. Im Ziel gibt es dann ausreichend Verpflegung vom Veranstalter oder vom Hüttenwirt. Nehmen Sie sich die Zeit und genießen Sie warm angezogen das Gipfelglück. Ein Blick ins Tal zeigt Ihnen, was Sie geschafft haben und dass Sie auf Ihre Leistung stolz sein können!

Objektive und subjektive Risiken

Je mehr Menschen eine Sportart praktizieren, desto geringer wird die Gefahr eingeschätzt, die mit dieser Sportart verbunden ist. Der Glaube, dass man selbst auch in der Lage sei, etwas Bestimmtes zu tun, wenn viele andere dazu in der Lage sind, ist weitverbreitet. Diese Fehleinschätzung ist völlig unabhängig von Bildung oder Intelligenz. Es sind also keineswegs die Dummen, die sich in Gefahrensituationen begeben, weil sie mit der Menge mitschwimmen. Berglauf ist zumindest in gewisser Weise nicht alltäglich, vielleicht sogar extrem und sollte entsprechend vorbereitet angegangen werden.

Beim Einschätzen von Risiken im Extremsport gibt es eine Unterscheidung von objektiven Risiken wie Naturereignissen (z. B. Lawinen, Steinschläge etc.) und subjektiven Risiken, also die eigene körperliche Überschätzung und der damit verbundene vorzeitige Leistungsabfall. Dabei sollte ein halbwegs professioneller Sportler diese subjektiven Risiken erst gar nicht entstehen lassen. Die objektiven Risiken wiederum sollten so realistisch abgeschätzt werden, dass das eigene Unfallrisiko auf ein Minimum reduziert wird. Jährlich werden ca. 1,3 Mio. Sportunfälle gemeldet, wobei Extremsportarten nicht überproportional beteiligt sind. Die Liste der gefährlichsten

Steiggeschwindigkeit/zurückgelegte Strecke für Hobby- und Normalläufer

Steiggeschwindigkeit	800–1200 Höhenmeter pro Stunde
Zeitbedarf für kurze bis mittlere Bergläufe	20–35 % mehr als bei Läufen in der Ebene
Zeitbedarf für Bergmarathon	30–50 % mehr als bei Marathons in der Ebene
Faustformel für Strecke	100 Höhenmeter bedeuten ca. 700 m zusätzliche Laufstrecke

Sportarten wird von Fußball (30 %) und Skifahren (10 %) angeführt – beide zählen nun doch eher nicht zu den Extremsportarten.

Das oft unterschätzte Risiko beim Berglauf liegt wahrscheinlich darin, dass sich dieser Sport aus zwei sehr unterschiedlichen Teilen zusammensetzt. Zum einen das Laufen an sich, was als ungefährliche, gesunde Volkssportart Nummer eins propagiert wird. Und zum anderen die Bergwelt, die zwar faszinierende Naturerlebnisse bietet, aber auch viele nicht zu unterschätzende Gefahrenstellen aufweist. Ist der Berglauf somit eine Bergsportart? Oder doch »nur« Laufen im erschwerten Gelände? Würden Sie nur in Shorts und T-Shirt, ohne Verpflegung und ohne wärmende Kleidung auf eine Wanderung mit über 2000 Höhenmetern gehen? Das Besondere am Bergsport ist ja gerade das Zusammenspiel von Wetter, Flora und Fauna, Höhe und Abgeschiedenheit. Und dieses Zusammenspiel kann sich schlagartig ändern, z. B. durch einen Wetterumsturz, Temperaturabfall etc. Eine anfänglich genussvolle Trainingsrunde in den Hausbergen kann ganz schnell zum Horrortrip werden, wenn man sich bei Kälte verletzt hat oder ein Unwetter aufzieht. Dabei ist es weder schwierig noch kompliziert, einige Vorkehrungen zu treffen, um weitestgehend problemlos und autark in den Bergen laufen zu können.

Notfall- und Pflichtausrüstung

Diese Liste stimmt, abgesehen von der einen oder anderen Änderung, mit vielen Ausschreibungen überein, die bei Ultrabergläufen als Pflichtausrüstung angegeben werden. (z. B. Transalpine-Run oder UTMB).

- Jacke (wind- und wasserdicht)
- Ein warmes Ersatzkleidungsstück
- Handschuhe und Mütze/Buff
- Notfallausrüstung (Erste-Hilfe-Set und Rettungsdecke)
- Flüssigkeit und Verpflegung
- Mobiltelefon und Notfallnummern
- Wanderkarte von der Region
- Kleine Stirnlampe

Auch bei einem offiziellen Bergmarathon oder gar Ultraberglauf sollten Sie sich nicht blind auf den Veranstalter verlassen. Natürlich sind Sie darauf bedacht, den Berg möglichst leicht und ohne Zusatzgewicht hochzulaufen. Aber spielt dieses Argument wirklich eine Rolle? Wollten Sie nicht in den Bergen laufen, weil es mal nicht um Bestzeiten geht, sondern um ganz neue Emotionen in der Natur? Der Veranstalter liefert hierfür den organisatorischen Rahmen und hat im Notfall für medizinische Versorgung bzw. Rettungsmaßnahmen zu sorgen. Er ist jedoch nicht verantwortlich für mangelhafte Vorbereitung, ungenügende Ausrüstung oder physische Selbstüberschätzung. Hier gilt es, Selbstverantwortung zu übernehmen – auch wenn Werbeslogans wie »Genuss- oder Panoramalauf« darüber hinwegtäuschen.

Seit den dramatischen Ereignissen beim Zugspitzlauf 2008 ist man auch auf Veranstalterseite sehr viel vorsichtiger geworden.

Umsichtige Veranstalter und Rettungsdienstleister haben Rennen in den letzten beiden Jahren sehr viel schneller abgebrochen oder gleich ganz abgesagt, als dies früher der Fall war. Der DLV hat nach den Ereignissen an Deutschlands höchstem Berg »Qualitäts- und Sicherheitskriterien« für Berglauf-Veranstaltungen herausgegeben, die für deutsche Veranstalter mit der offiziellen Anmeldung bindend sind.

Risiko- bzw. Belastungsfaktoren beim Laufen im alpinen Gelände

Höhe	Schlechte Höhenanpassung (Akklimatisation)
Kälte / Hitze	
Belastung Herz-Kreislauf-System	Erhöhte Anstrengung
Belastung Skelettmuskulatur	Beim Bergablaufen
UV-Strahlung	Im Gebirge intensiver als im Flachland. Die UV-Belastung zeigt einen Anstieg um ca. 10–15 % pro 1000 Höhenmeter und die Reflexion der UV-Strahlung auf Schnee verstärkt die Belastung um weitere 80 %.
Geländebeschaffenheit	Geröll, Wurzeln, Matsch und Fels fordern unterschiedliches Laufverhalten
Psychische Belastung	
Selbstüberschätzung	
Erschwerte Rettung im Notfall	
Wetter / Wetterumschwung	
Orientierungssicherheit	
Trittsicherheit / Höhenangst	
Gesellschaftlicher Druck / falscher Ehrgeiz	
Vorbestehende Grunderkrankungen (bekannt oder nicht)	
Falsche oder schlechte Ausrüstung	Schuhe ohne Profil können zu Stürzen führen; schnell trocknende, atmungsaktive Bekleidung ist am Berg von Vorteil
Falsche Ernährung während des Trainings oder des Wettkampfes	
Dehydration (Flüssigkeitsverlust)	Durch die vermehrte Anstrengung brauchen Sie in den Bergen mehr Flüssigkeit. Die Verpflegungsstellen sind bei Bergmarathons jedoch meist in größeren Abständen platziert.

Sportpsychologie für Läufer und Läuferinnen

Einen Marathon läuft man nicht nur mit den Beinen, sondern genauso mit dem Kopf. Mentale Stärke muss deshalb genauso trainiert werden, wie Ausdauer und Lauftechnik. Dr. Rita Seitz zeigt Ihnen, wie Sie sich mental auf den großen Tag vorbereiten können, welche Unterstützungssysteme Sie nutzen können und was Sie tun müssen, um Motivations- und Leistungseinbrüche erfolgreich zu überwinden. Als erfahrene Marathonläuferin kennt Sie die Hochs und Tiefs eines Marathons nicht nur aus der Theorie, sondern aus eigener Anschauung.

Mental fit ins Ziel!

Die Sportpsychologie ist eine Disziplin an der Nahtstelle von Psychologie und Sportwissenschaft, die zunehmend größere Bedeutung erlangt. Mein Zugang zur Sportpsychologie ist, dass ich als psychologische Psychotherapeutin und Psychoanalytikerin in meiner therapeutischen Praxis tätig bin, mit Sportlern und Sportlerinnen arbeite, aber auch als Breitensportlerin meine Erfahrungen aus dem Ausdauersport einbringen kann. Als sportliche Psychotherapeutin geht es mir hier nicht darum, Konzepte für den Hochleistungssport vorzustellen, sondern um sportpsychologische Bausteine für das Lauftraining und die Wettkampfvorbereitung. Ich möchte, dass Sie mit Freude gerne und schneller laufen, die Gesundheit im Auge behalten, Grenzen erproben, eine nachhaltige Trainingsgestaltung erarbeiten und Ihr erster oder nächster Marathon ein persönlicher Erfolg für Sie werden kann.

Als Erstes stellt sich die Frage, in welchen Bereichen sportpsychologische Möglichkeiten im Laufsport eingesetzt werden können. Sie werden sehen, auch wenn »Psycho« auf den ersten Blick manchmal Berührungsängste auslöst, gibt es auch für Ihre Marathonvorbereitung Anwendungsbereiche, die Sie nützen könnten!

Ich möchte Ihnen fünf Bereiche sportpsychologischer Anwendungen für das Marathontraining vorstellen.

- Motivationsförderung und Stabilisierung der Leistungsmotivation
- Sportpsychologische Wettkampfvorbereitung
- Psychologische Beratung, wenn zwischenmenschliche Spannungen das Lauftraining beeinträchtigen, etwa Konflikte in der Laufgruppe, Probleme mit Trainern oder unangenehme Rivalität mit Trainingspartnern
- Psychotherapeutische Behandlung von Sportlerinnen und Sportlern, die Symptome ausbilden, welche die Freunde am Sport stören und die sportliche Leistungsfähigkeit einschränken – z. B. Wettkampfangst, Schlafstörungen, Sportsucht, Essstörungen, Abhängigkeit von leistungsfördernden Medikamenten oder psychosomatische Beschwerden
- Sportpsychologische Betreuung im Rahmen einer Rehabilitation, beispielsweise die psychologische Auseinandersetzung mit den Konsequenzen von Verletzungen, Sportpausen oder Schmerzen

Aus meiner langjährigen psychotherapeutischen Arbeit sehe ich, dass es selten ausreicht, schnelle Lösungen zu präsentieren. Positives Denken ist keine hinreichende Antwort auf komplexe psychische Fragestellungen. Im therapeutischen Prozess geht es mir darum, Menschen in ihrer Persönlichkeit und Lebensgeschichte kennenzulernen. So werden psychische Symptome besser verstehbar und damit auch veränderbar. Es nützt wenig, einem Läufer mit Wettkampfangst zu positiven Gedanken zu raten, denn sein Problem ist eben, dass er diese im Wettkampf nicht aktivieren kann. In diesem Fall muss ich mit dem Läufer daran arbeiten, was in seiner Lebensgeschichte und in seinem Alltag dazu geführt hat, dass er Angst vor Prüfungssituationen hat, nicht spielerisch rivalisieren kann oder sich zu hohe Ziele gesetzt hat. Erfahrungsgemäß lockert sich dann die Symptomatik und der Kopf wird frei für kreative Möglichkeiten, trotz Wettkampfangst angemessene Leistungen zu bringen.

Aber nicht immer ist ein intensiver therapeutischer Prozess notwendig, um mit sportpsychologischer Unterstützung mehr Freude am Laufen zu haben, eine gezielte Wettkampfvorbereitung auszuarbeiten oder Motivationsschwächen auszugleichen. Mit verschiedenen sportpsychologischen Bausteinen, die ich hier vorstellen werde, können Sie selbst oder mit Ihrer Laufgruppe an der Weiterentwicklung Ihrer läuferischen Fähigkeit arbeiten.

Mentale Trainingsplanung und Leistungsmotivation

Mentale Stärke muss genauso trainiert werden wie alles andere auch! Von zwei gleichermaßen austrainierten und technisch entwickelten Sportlern gewinnt derjenige, der mental stärker ist. Ergebnisse aus den Trainingswissenschaften können die Wirksamkeit sportpsychologischer Trainingsmaßnahmen durchaus nachweisen. Dies funktioniert jedoch nur, wenn Techniktraining, Konditionstraining und sportpsychologisches Training sorgfältig aufeinander abgestimmt sind. Trainingsziel ist die Optimierung aller Komponenten.

Während sich viele Läuferinnen und Läufer mittlerweile mit gezielten Trainingsplänen auf Wettkämpfe vorbereiten, bleibt eine strukturierte mentale Vorbereitung oft unbeachtet. Eine Marathonvorbereitung ist ein mittelfristiger, anstrengender Prozess. Trotz Einhaltung der Trainingspläne können Störfaktoren auftreten, die bei genauerer Analyse mentale oder psychologische Ursachen haben. Denn Leistungsmotivation ist deutlich durch emotionale Faktoren bedingt. Enttäuschung, Wut, Verzweiflung, Angst oder Langeweile schwächen Ihre Motivation. Diese emotionalen Prozesse sind oft gar nicht bewusst, aber Sie können die Signale erkennen: Sie haben keine Lust mehr, trainieren falsch und wissen das, träumen nachts von Misserfolgen im Wettkampf, reagieren gereizt auf Ihre Laufpartnerin, fühlen sich ausgebrannt und rattern angespannt Ihr Trainingsprogramm herunter.

Was ist passiert? Auch ein strukturiertes, angemessenes und diszipliniertes Training kann einen emotional bedingten Motivationseinbruch nicht verhindern. Wie können Sie Ihr Training nun wieder mit voller Kraft und Konzentration aufnehmen? Die Gesundheitssportforschung gibt hier wichtige Hinweise dazu, wer ein Sportprogramm erfolgreich schafft. Aus der Gesundheitssportforschung gibt es Studien, welche Faktoren ausschlaggebend dafür sind, dass Menschen Sport treiben und ihr sportliches Aktivitätsniveau längerfristig erhöhen.

Was hält Menschen im Sport bei der Stange?
- Unterstützung durch Freunde und Familie
- Bewegungsfreude
- Ermutigung und Anerkennung durch Trainer und Trainerinnen

Sie sehen, dass die Sportforschung nachweist, dass nicht nur Lauftraining, Kräftigungsübungen und die richtige Ausrüstung zur Entwicklung und Stabilisierung der Leistungsmotivation beitragen. Ich möchte Ihnen einige Anregungen geben, wie Sie selbst wieder Schwung in Ihr Training bringen und Ihren Trainingsplan durch neue Elemente erweitern können. Spitzensportler nützen diese Mentaltrainingsmöglichkeiten, probieren Sie es doch auch mal!

Trainingsbaustein: Mentalcoaching

Suchen Sie sich Personen aus Ihrem Umfeld, z. B. Ihre Laufpartnerin, mit denen Sie ernsthaft über Ihren psychischen Trainingsstand sprechen können. Dabei handelt es sich um einen wichtigen Trainingsbaustein – führen Sie dieses Gespräch also nicht beim Laufen, im Auto oder in der Umkleidekabine. Nehmen Sie sich an einem geschützten, ruhigen Ort 45 Minuten Zeit. Falls möglich, visualisieren Sie die Teilergebnisse auf einer Flipchart.

Schritt 1: Analyse

Analysieren Sie Ihren mentalen Trainingszustand. Nur Sie sprechen, Ihr Gesprächspartner hört zu. Konzentrieren Sie sich auf folgende Schwerpunkte:

- Skizzieren Sie Ihre Motivation zum Training und die Leistungsmotivation im Training.
- Einschätzung Ihres individuellen Stress- und Belastungsprofils in allen Lebensbereichen
- Beschreibung Ihrer körperlichen und psychosomatischen Situation (z. B. Schmerzen, Schlaf, Appetit, Infektanfälligkeit, Medikamentenkonsum)
- Erklären Sie, warum Sie ausgerechnet einen Marathon laufen wollen. Welche psychische Bedeutung hat dieses Projekt für Sie?
- Wie gehen Sie mit den Reaktionen Ihrer nicht laufenden Umwelt auf Ihr

Marathontraining um? Was würden Sie sich wünschen? Sind diese Wünsche realistisch?
- Benennen Sie die Gefühle, die Ihren mentalen Trainingszustand beeinflussen: Wovor haben Sie Angst, wann schämen Sie sich, wo zweifeln Sie an sich, worüber sind Sie wütend, wann haben Sie einen emotionalen Höhenflug oder wie gehen Sie mit Konkurrenz um? Welche emotionale Befindlichkeit will Ihr Körper mit Schmerzen ausdrücken? Wie sind die zwischenmenschlichen Kontakte zum Trainer und zu Ihren Laufpartnern?

Schritt 2: Feedback

Ihr Gesprächspartner oder die Kleingruppe kann nachfragen, kritisch nachhaken und gibt Ihnen Rückmeldungen zu diesen Punkten, Sie hören zu und kommentieren nicht. Hier geht es nicht darum, gefällig zu sein, sondern darum, das Bild wirklich zu erweitern und zu entdecken, was man nicht bei sich selbst sehen kann.

Schritt 3: Profil

Gemeinsam erstellen Sie ein aktuelles mentales Profil und suchen nach Möglichkeiten, mit Belastungs- und Störfaktoren umzugehen. Setzen Sie Ihre Ergebnisse in Form eines Mental-Trainingsplans um. Es ist kein realistisches Ziel, alle Probleme zu lösen. Manchmal reicht es, sich den Ist-Zustand bewusst zu machen und den Trainingsplan und die Trainingsziele anzupassen. Achten Sie darauf, alle Lebensbereiche einzubeziehen: Vielleicht läuft es sich leichter und schneller, wenn Sie andere Kon-

In dieser Umgebung macht Laufen Spaß.

flikte und Probleme (in der Arbeit, in der Familie) endlich mal angehen.

Trainingsbaustein: Bewegungsfreude und Spaß am Laufen

Am besten funktioniert dieser Baustein, wenn Sie den Text nicht nur lesen, sondern auf jede Frage Antworten suchen und die Erkenntnisse gleich beim nächsten Training anwenden.

- Wie können Sie die Bewegungsfreude im Rahmen Ihres Lauftrainings steigern? Wie können Sie aus Ihrem gewohnten Lauftrott herauskommen? Was bauen Sie konkret beim nächsten Lauftraining ein? Spüren Sie überhaupt noch/schon Freude bei Bewegung?
- Wie können Sie Ihre Aufmerksamkeit schulen, damit Sie sich bewusst werden, ob Ihnen eine Trainingseinheit gefallen hat und Sie Freude an der Bewegung gespürt haben?
- Wer unterstützt Sie konkret bei Training und Wettkampf, damit es wieder mehr Spaß macht und Sie durchhalten? Wer radelt beim Training mit, bekocht Sie nach einem langen Lauf, begleitet Sie zum Wettkampf oder schenkt Ihnen zur Belohnung die ersehnte neue Laufuhr? Was wünschen Sie sich von wem und warum fragen Sie die Leute nicht? Wie können Sie Ihre Dankbarkeit denen zeigen, die Sie unterstützen?
- Welche Bewegungsaktivitäten machen Spaß und haben eine positive Auswirkung auf Ihr Lauftraining? Laufen Sie in schönen Landschaften, flitzen Sie auf einem tollen Rennrad herum, erproben Sie Ihre Fähigkeiten im Gelände oder am Berg, erarbeiten Sie ein Fahrtenspiel für Ihre Laufgruppe, sorgen Sie für abwechslungsreiche Trainingseinheiten oder genießen Sie ein richtig hartes, schnelles Training und den Rausch der Geschwindigkeit.
- Vielleicht mal ein bisschen Luxus in der harten Marathonvorbereitung? Haben Sie schon einmal daran gedacht, eine Trainerstunde zu nehmen?
- Worauf freuen Sie sich nach dem Training? Welche positiven Möglichkeiten haben Sie, sich zu erholen, und warum nützen Sie die Möglichkeiten so selten?
- Wann beginnen Sie endlich damit, etwas zu ändern, wenn Ihnen das Lauftraining keinen Spaß macht?

MOTIVATIONSTIPPS

Damit Ihre Motivation nicht einbricht, noch einmal zusammengefasst:

- Aktivieren Sie Unterstützungsmöglichkeiten!
- Stärken Sie Ihre Selbstverpflichtung!
- Schulen Sie Ihre Aufmerksamkeit für Erreichtes und Teilerfolge!
- Gehen Sie konstruktiv mit Rückfällen um!
- Versuchen Sie, Trainingsmöglichkeiten zur Verbesserung der mentalen Stärke zu nützen!

Sportpsychologische Wettkampfvorbereitung

»Mentale Stärke ist die Fähigkeit, sich ungeachtet der Wettkampfbedingungen an seiner oberen Leistungsebene zu bewegen«, so James Loehr, ein namhafter Sportpsychologe, der viele Spitzensportlerinnen und Spitzensportler trainierte. Damit Sie Ihr persönliches Ziel erreichen, ist es wichtig, dass Sie sich darauf vorbereiten, Ihr Leistungspotenzial auch unter ungünstigen Bedingungen abzurufen. Dazu ist es notwendig, sich frühzeitig und regelmäßig mit den psychischen Komponenten des Wettkampfverlaufs zu beschäftigen. Damit sinkt die Angst vor dem Wettkampf und Sie können sich entspannter und konzentrierter vorbereiten.

Um Ihre Leistung zu optimieren und die Motivation zu halten, ist es notwendig, dass Sie den Wettkampf gedanklich trainieren. Um Ihr Leistungspotenzial zu entfalten, müssen Sie Entspannung, Gelassenheit, Aufmerksamkeit, Konzentration oder Selbstvertrauen ausbauen. Die möglichen psychischen Belastungen und Ihre Bewältigungsstrategien sollten Ihnen in »Fleisch und Blut« übergehen. Ziele sind die optimale Bewegungsausführung, hohe Flexibilität bei unvorhersehbaren Ereignissen und die Steuerung Ihrer Leistung.
»Erleben Sie Sieg und Erfolg mental, bevor Sie sich physisch der Herausforderung stellen, empfiehlt James Loehr. Die Leistungsverbesserung durch mentales Training ist im Leistungssport unbestritten. Eine sportpsychologische Möglichkeit ist das Imaginations- und Vorstellungstraining. Ich möchte als Trainingsmöglichkeit die Drehbuch-Methode vorschlagen. Dies ist eine Imaginationsübung, bei der Sie den Wettkampf »gedanklich verfilmen«. Dabei geht es nicht um das Streckenprofil oder die Renneinteilung, sondern um eine hilfreiche Vorstellung, welche Belastungen auf Sie zukommen und wie Sie damit umgehen werden. Notwendig ist, dass Sie regelmäßig an Ihrem Drehbuch arbeiten. Wählen Sie dazu eine entspannte Situation, damit Sie sich konzentrieren können.

Das Marathon-Drehbuch

Erstellen Sie als Motivation für Ihren Lauf ein Drehbuch über Ihren Erfolg beim Marathon. Dabei geht es nicht um eine optimale Renneinteilung, sondern darum, eine positive Sichtweise auf den Wettkampf zu erarbeiten. Emotionen sind ein wesentlicher Faktor im Sport, der sich massiv auf Ihre körperlichen Prozesse auswirkt. Deshalb sollen durch das Drehbuch Ihre Achtsamkeit und Ihr Selbstvertrauen gestärkt werden. Negative Selbstgespräche müssen reguliert und eine hohe Flexibilität muss eingeübt werden. Erfolg lässt sich durchaus systematisch trainieren!

Kapitel 1: Vor dem Wettkampf

Stellen Sie sich detailliert vor, wie der Abend vor dem Wettkampf und die Phase vor dem Start aussehen werden.
- Wie wird sich die Situation anfühlen?
- Welche Gefühle spüren Sie und wie werden Sie das aushalten?
- Was könnte helfen, sich zu beruhigen und Ihre Konzentration zu fokussieren?
- Wie entspannen Sie sich?

Üben Sie Ihre Rolle für eine gute Prä-Wettkampfphase regelrecht ein! Lernen Sie, sich den idealen Leistungszustand gedanklich vorzustellen. Stellen Sie sich alle möglichen Katastrophen vor und finden Sie zu jeder Situation eine Handlungsmöglichkeit. Zwingen Sie sich bei der Übung dazu, eine positive Lösung zu finden. Diese lösungsorientierten Handlungsanweisungen und Selbstaffirmationen müssen Sie ohne Zögern abspulen können. Am Wettkampftag muss das Programm ohne Nachdenken abrufbar sein und fast instinktiv ablaufen.

Kapitel 2: Der Wettkampf

Sie sollten die Strecke vorher kennenlernen. Teilen Sie sich die Strecke in passende Abschnitte ein. Ordnen Sie den Abschnitten positive Assoziationen zu. Prägen Sie sich ein, wie Sie bei anstrengenden Streckenabschnitten lösungsorientiert handeln werden.
- Wie sieht Ihr Unterstützungssystem während des Laufs aus?
- Was werden Sie sich Ermunterndes sagen, wenn der anstrengende Berg kommt?
- Mit welchen Selbstgesprächen können Sie sich beruhigen oder anspornen?
- Wie schirmen Sie sich von störenden Faktoren (lärmende Menge, Wetter, Gedränge, Verfolger) ab?
- Welche psychischen Krisen könnten auftreten und wie werden Sie damit umgehen?
- Welche Sätze sagen Sie sich, wenn Sie Ihren Zeitplan nicht einhalten?
- Wie motivieren Sie sich, um nach 40 km Ihren Endspurt vorzubereiten?

Trainieren Sie mental, nicht in Panik zu geraten, sondern Wut, Angst, Selbstzweifel und Hilflosigkeit durch entschlossenes Verhalten auszuhalten oder zu bewältigen. Üben Sie Kommandos ein, um taktisch entscheiden zu können und Bewegungsabläufe abzurufen. Ihre Laufstrategie und Wettkampftaktik entscheidet sich nicht im Wettkampf, sondern in den systematischen Mentaltrainingseinheiten in der Vorbereitungsphase!

Kapitel 3: Im Ziel

Vergessen Sie in Ihrem Drehbuch nicht die Phase nach Erreichung des Ziels. Diese Imagination ist wesentlich für Ihre Motivation. Stellen Sie sich vor, wie Sie im Stadion einlaufen und wie Sie sich dabei fühlen werden.

- Wer holt Sie ab und wie fühlt es sich an?
- Stellen Sie sich mit Ihrer Medaille oder Ihrer Urkunde vor!
- Wie gehen Sie damit um, wenn Sie Ihre Vorgaben nicht erreicht haben?
- Wie wird der Tag ausklingen und wie werden Sie sich für Ihre Anstrengungen belohnen?
- Wie sehen Sie als Sieger aus? Wie gehen Sie mit Erfolg um? Was wünschen Sie sich von Ihrem sozialen Umfeld?

GEDANKEN-STOPP-ÜBUNG

Diese Übung hat sich in der Traumatherapie bewährt und ist für das Mentaltraining gut geeignet: Erfahrungsgemäß stören negative Selbstzuschreibungen oder Selbstzweifel die Motivation erheblich. Auch schlimme Erinnerungen laufen wie ein Film im Kopf ab und verhindern positive Bilder. Wenn abends im Bett oder auch beim Laufen schlechte Sätze (»Ich kann das nicht«) oder Filme die Macht übernehmen, sagen Sie ganz bewusst »Stopp! Ich will den Satz nicht hören, ich will den Film nicht sehen!« Konzentrieren Sie sich auf ein ganz anderes, positives Thema.

Die Drehbuch-Methode kann Sie dabei unterstützen, Ihren Trainingsplan durch gezieltes Mentaltraining zu optimieren. Da Sie in der Wettkampfvorbereitung nicht nur einmal laufen, sollten Sie auch Ihre Mentaltrainingseinheiten systematisch in Ihre Trainingsplanung integrieren. Dokumentieren Sie in Ihrem Trainingstagebuch Indikatoren für Ihre psychische Verfassung (Gereiztheit, Übermüdung, Freude am Sport), damit Sie rechtzeitig reagieren können. Am besten legen Sie eine Trainingsroutine für Ihr Mentaltraining fest (z. B. fester Tag). Tauschen Sie sich in der Trainingsgruppe über Ihre psychologische Wettkampfvorbereitung aus. Schaffen Sie sich in der Gruppe eine soziale Kontrolle, damit Sie diesen Trainingsbereich wirklich ernst nehmen und systematisch ausführen.

Wettkampfvorbereitung für sehr ambitionierte Läuferinnen und Läufer

Wenn Sie Ihren Marathon sehr schnell laufen können, sollten Sie im Mentaltraining eine besondere Form von Konzentration vorbereiten. Eine hohe sportliche Leistung erfordert, dass Sie Ihre Bewegungen voll konzentriert und mit einer bestimmten Form von höchster Aufmerksamkeit ausführen. Mit einer Art »Tunnelblick« gilt es, hochkonzentriert zu laufen, Emotionen zu regulieren und Störfaktoren auszublenden. Spitzenläuferinnen und Spitzenläufer laufen nicht winkend durch die Menge, suchen nicht am Straßenrand nach Bekannten oder genießen begeisterte Zuschauerblicke. Fast roboterhaft läuft eine konzentrierte Hochleistung ab, bei der fast nichts dem Zufall überlassen bleibt. Falls Sie das läuferische Potenzial für diese Leistungsklasse haben, sollten Sie sich von der Idee verabschieden, sich von der Menge tragen zu lassen. Die Wahrnehmung äußerer Faktoren kostet Konzentration, die unter Hochleistungsdruck für andere Faktoren benötigt wird. Spezielle Trainings finden Sie z. B. an den sportpsychologischen Abteilungen der Sporthochschulen.

SCHUTZSCHILD-ÜBUNG

Um sich vor störenden Einflüssen zu schützen, können Sie mit Imaginationsübungen beginnen. Hier ein Beispiel für eine Übung: Stellen Sie sich vor, Sie haben einen Schutzschild um sich. Sie hören nichts von draußen, niemand stört Sie und Sie sind alleine. Sie laufen einfach hochkonzentriert genau das Programm, das Sie vorbereitet haben. Sie greifen auf das Programm zu, das Programm läuft, Sie lassen sich durch nichts stören.

Wettkampfvorbereitung für langsame Läuferinnen und Läufer

Egal, wie schnell Sie im Ziel sind – es sollte ein persönlicher Sieg für Sie sein! Wenn Sie langsamer laufen, sollten Sie in der Vorbereitung Ihr mentales Training darauf ausrichten. Im Training absolvieren Sie lange Läufe von etwa drei Stunden. Im Wettkampf brauchen Sie vielleicht fünf Stunden, um das Ziel zu erreichen. Eventuell werden Sie phasenweise gehen. Anders als schnelle Läuferinnen und Läufer brauchen Sie Unterhaltung und Abwechslung, um die lange Zeit durchzuhalten. Während so mancher schon im Ziel ist, kämpfen Sie sich bei Mittagshitze durch die Innenstadt. Möglicherweise sind Sie mit durchaus ernüchternden Tatsachen konfrontiert, die in der Laufvorbereitung oft verschwiegen werden: die Verpflegungsstände sind abgeräumt, Zuschauer schauen eher mitleidig als jubelnd, der Besenwagen verfolgt Sie, die Zeit zieht sich endlos hin, Sie können trotz Unterzucker keinen weiteren Energieriegel essen und Ihre Zielzeit imponiert nicht jedem. Ein Marathon ist mit jeder Zielzeit eine großartige Ausdauerleistung – bereiten Sie sich also gut vor, um mental unterstützt leichter ins Ziel zu kommen.

Tipps für langsame Läuferinnen und Läufer
- Überlegen Sie in der Vorbereitungsphase, wie Sie trotz Erschöpfung vom Gehen wieder ins Traben wechseln können.
- Sorgen Sie für genügend Unterhaltung und Abwechslung auf der Strecke. Vielleicht freuen Sie sich, wenn an bestimmten Stellen Freunde oder Familienmitglieder auf Sie warten.

- Lassen Sie sich auf der Stecke Essen/Trinken zureichen oder Kleidung abnehmen. Die Jacke vom morgendlichen Start brauchen Sie in der Mittagshitze nicht mehr.
- Hören Sie Musik, lösen Sie kleine Denkaufgaben oder schauen Sie sich die Leute am Straßenrand an. Unterhalten Sie sich selbst.
- Prägen Sie sich ein, dass Sie einfach nur weitergehen müssen. Sagen Sie sich die Sätze monoton vor, auch wenn Sie am liebsten abbrechen würden: »Ich gehe einfach weiter, an der nächsten Ecke trabe ich wieder langsam los. Ich schaffe das.«
- Wer fünf oder sechs Stunden laufen kann, braucht eine richtig tolle Belohnung!

Krisenintervention

Da die Vorbereitung auf einen Marathon mit viel Disziplin, Training und auch Rückschlägen verbunden ist, haben viele Läuferinnen und Läufer Angst, die Vorbereitungsphase nicht durchzustehen. Bevor Sie Ihr Training enttäuscht hinschmeißen und die Marathonvorbereitung abbrechen, beraten Sie sich mit Ihrem Trainer oder Ihrer Laufgruppe.

Wenn Sie im Training zu stark von Misserfolgserwartungen oder negativen Gedanken geplagt werden, versuchen Sie diese Gedanken aktiv zu stoppen. Probieren Sie positive Selbstgespräche aus. Nehmen Sie sich in fordernden Trainingseinheiten oder im Wettkampf einen »inneren Coach« oder einen realen Begleiter an Ihre Seite. Unüberwindbar scheinende Situationen werden meist einfacher, wenn man nicht alleine ist.

Falls Sie das Marathontraining tatsächlich gesundheitsbedingt abbrechen müssen oder andere Aufgaben in Ihrem Leben wichtiger sind, versuchen Sie mit Respekt vor sich selbst und Ihren bereits erreichten Teilzielen, nicht zu resignieren, sondern Ihre persönliche Sportbiografie weiter zu entwickeln. Hören Sie nicht ganz mit dem Sport auf, sondern experimentieren Sie mit anderen Bewegungsformen oder anderen läuferischen Möglichkeiten.

Läufer auf der Couch?

Obwohl häufig davon ausgegangen wird, dass Läuferinnen und Läufer besonders gesunde Menschen seien, ist dies ein Klischee, das nicht stimmt. Auch der Gedanke, dass Menschen wegen ihres Laufsports Essstörungen entwickeln würden, sportsüchtig würden oder Depressionen bekämen, ist nicht richtig. Psychische Belastungen entstehen durch ein komplexes Zusammenspiel von familiären Beziehungen, genetischen Faktoren, Alltagsbelastungen oder schweren Schicksalsschlägen.

Wie in allen Bereichen der Bevölkerung gibt es auch im Laufsport Menschen, die psychisch belastet sind. Für Menschen mit psychischen Problemen und Belastungen ist das Laufen eine gute Möglichkeit, ihre psychische Gesundheit zu unterstützen. In fast allen psychotherapeutischen Fachkliniken ist Sport ein wichtiger Behandlungsbaustein. In Kombination mit Psychotherapie kann das Laufen eine gute Möglichkeit sein, unerträgliche Spannungen abzubauen, sich im gleichmäßigen Laufrhythmus zu beruhigen, quälende Aggressionen »herauszurennen«, einen ungeliebten Körper in neue Form zu bringen oder einfach nur zu spüren, dass man lebt. Wenn Sie sich, trotz psychischer Belastung, einen Marathon vornehmen, sollten Sie dies unbedingt mit Ihren Therapeuten und Ärzten besprechen. Es kann aber auch sein, dass Sie durch die Belastungen eines Marathontrainings an Ihre psychischen Grenzen kommen. Sie werden dann nicht durch das Marathontraining krank, sondern die hohe Belastung ist »der Tropfen, der das Fass zum Überlaufen bringt«.

Warnhinweise

Diese Signale sollten Warnhinweise sein, dass Sie eventuell fachliche Hilfe benötigen:
- Sie schlafen weniger als 4 Stunden pro Nacht.
- Sie haben längere Zeit Probleme mit dem Einschlafen und Durchschlafen bzw. wachen sehr früh auf, obwohl Sie noch schlafen möchten.
- Sie sind untergewichtig und möchten noch weiter abnehmen.
- Sie konsumieren Medikamente zur Leistungsoptimierung und finden nicht, dass dies Doping oder Medikamentenmissbrauch ist.
- Sie können nur noch an Laufsport denken und vernachlässigen Arbeit und Familie.
- Sie sind ständig gereizt, gestresst und haben Stimmungsschwankungen.

Ihre Verletzungsneigung ist hoch. Auch chronische Belastungsschmerzen, Spannungskopfschmerzen oder psychosomatische Magenprobleme sollten Sie alarmieren.
In einem solchen Fall brauchen Sie keine sportpsychologische Begleitung, sondern eine psychotherapeutische oder psychiatrische Behandlung. Ihre Krankenkasse oder die Kassenärztliche Vereinigung kann Ihnen passende Stellen in Ihrer Umgebung nennen.

Wieder loszulaufen kann nach Verpflegungsstellen schmerzhaft sein.

Das brauchen Sie – Ausrüstung und mehr

Bevor Sie euphorisch loslaufen, sollten Sie sich noch mit dem Thema Laufausrüstung beschäftigen. Vor allem die richtigen Laufschuhe sind wichtig und unterstützen Sie dabei, die gesundheitlichen Vorteile beim Laufen zu nutzen und Folgeschäden zu vermeiden. Mit der Entscheidung für die richtige Laufbekleidung sind Sie für jedes Wetter gerüstet und mit den passenden Laufaccessoires kann bei Ihrem Lauf eigentlich gar nichts mehr schiefgehen.

Laufschuhe und -bekleidung

Die Entwicklungen im Bereich »Laufschuhe« sind seit einigen Jahren rasant. Beinahe im Jahresrhythmus bringen Hersteller neue Modelle auf den Markt, die schneller machen und Verletzungen vermeiden helfen sollen. Wie bei jeder Sportart gibt es auch hier Trends, die schon kurze Zeit später wieder von anderen Trends abgelöst werden. Vor einigen Jahren war eine möglichst gute Dämpfung der Weisheit letzter Schluss, heute sprechen alle von möglichst natürlichem Laufen, d. h., der Schuh soll das Barfußlaufen imitieren, den Fuß jedoch schützen.

Bei der Laufbekleidung ist grundsätzlich alles erlaubt, wenn Sie aber einmal Funktionsbekleidung ausprobiert haben, werden Sie nur schwerlich wieder davon abzubringen sein. Ein Tipp vorab: Ziehen Sie sich immer etwas leichtere Laufbekleidung an, als Ihnen die Temperatur vor dem Lauf erscheint. Sie werden merken, dass es Unbehagen bereitet, mit einem wohlig warmen Gefühl loszulaufen, das sich nach kurzer Zeit in Schweißausbrüche verwandelt.

Schuhmodelle für jede Situation

Auch wenn man nicht allen Versprechungen der Laufschuhindustrie glauben schenken will, so sind Laufschuhe mittlerweile wahre Technikwunder, die sich den Bedürfnissen eines jeden Läufers anpassen können. Im Schuhregal werden Sie Modelle für unterschiedliche Anwendungssituationen finden.

Wettkampfschuhe

Wettkampfschuhe verzichten auf jeglichen überflüssigen Komfort. Sie sind leicht und sehr flach, was zu einem guten Bodenkontakt und einem guten Abrollverhalten führen soll. Auf Stabilität wird überwiegend verzichtet. Wettkampfschuhe machen nur für sehr ambitionierte Läufer und Läuferinnen Sinn. Den Vorteil, den Sie aus dem geringen Gewicht ziehen können, büßen Sie ansonsten wieder ein, weil Ihre Füße stark schmerzen.

Im Marathon mit reinrassigen Wettkampfschuhen zu laufen, sollte Läufern mit einer angestrebten sehr schnellen Endzeit (Herren < 2:30 h, Damen < 2:50 h), einer guten Lauftechnik und einem optimalen Körpergewicht vorbehalten sein. In der zweiten Hälfte des Marathons ist die muskuläre Ermüdung derart stark, dass sich die Stützphase deutlich verlängert. Fängt der Laufschuh diese Mehrbelastung nicht auf,

Wettkampfschuh

kommt es zu überproportionaler Ermüdung bis hin zu deutlichen Leistungseinbußen.

Lightweight-Trainer

Lightweight-Trainer stellen einen Kompromiss zwischen Wettkampfschuh und Trainingsschuh dar. Sie sind deutlich komfortabler als Wettkampfschuhe und dennoch in einem angenehmen Gewichtsbereich. Wenn Sie nicht zu starken Fehlstellungen neigen oder zu den eher übergewichtigen Läufern zählen, so sind Lightweight-Trainer die optimale Wahl für einen Marathon.

Gelände/Winter

Im Gelände und bei Schnee und Eis zählen zwei Eigenschaften bei einem Schuh: Wie gut ist der Grip, das heißt, wie griffig ist meine Sohle, und wie sicher bin ich unterwegs. Besonders wichtig ist im Winter natürlich auch die Frage, ob der Schuh Wasser und Matsch abhält. Goretex-Schuhe sind wasserdicht, aber dafür auch etwas schwerer und deutlich unbeweglicher als Modelle, die nur wasserabweisend sind. Für Bergläufe muss Ihr Schuh im Zehenraum eine Schutzkappe aufweisen, damit Sie sich die Zehen nicht an Steinen verletzen. Sogenannte All-Terrain-Schuhe erkennt man auf den ersten Blick durch die grobstollige Außensohle und die meist gedeckten Farben. Wichtig für unebenes Gelände ist ein flexibler Sohlenaufbau. Die Torsionssteifigkeit sollte nicht zu hoch sein, d. h., die unterschiedliche Bewegungsmöglichkeit zwischen Rück- und Vorfuß sollte durch den Schuh nicht zu sehr eingeschränkt werden. Dadurch »spürt« man, wie uneben der Boden ist, und kann ggf. auf Schrägstellungen ausgleichend reagieren. Ebenso wichtig ist deshalb auch die sogenannte niedrige Sprengung, d. h., es besteht ein geringer Unterschied zwischen Fersenbauhöhe und Vorfuß.

Straßentrainingsschuh

Bei langen Läufen ist es wichtig, dass der Schuh den Fuß durch eine gewisse Dämp-

Lightweight-Trainer

Trail-Schuh

fung entlastet und vor allen Dingen bequem ist. Der Begriff »Dämpfung« wird aber sehr häufig missverstanden. Nicht der absolut weichste Schuh ist der komfortabelste. Eine für den Läufer richtige Dämpfung setzt sich zusammen aus der richtigen Schäumhärte der Zwischensohle (in Bezug zum Läufergewicht), einer verwindungsfreudigen Fußaufsatzzone, den verwendeten Dämpfungselementen und der Torsionssteifigkeit. Der Schuh darf den Fuß durch eine zu passive Dämpfungskonstruktion nicht von der Laufbewegung »entkoppeln«. Die Folge wären ein »Dahinstolpern« und daraus resultierende Fußschmerzen. Moderne Schuhe beziehen den Fuß aktiv in die Laufbewegung mit ein.

Stabilschuh

Für Läufer/innen mit starken Fehlstellungen und hohem Stützbedarf bietet die Industrie ein breites Angebot an Stabilschuhen an. Dabei werden Stabilschuhe meist als Schuhe mit einer Anti-Pronationsstütze bezeichnet. Es gibt natürlich auch neutrale Stabilschuhe. Ob Sie ein Typ für einen Stabilschuh sind, muss eine eingehende Analyse bei Ihrem Laufsportspezialisten zeigen. Generell sollte aber der Grundsatz gelten: »So stabil wie nötig, aber so flexibel wie möglich.«

Sondermodelle – Barfußschuhe

In den letzten Jahren sind immer mehr Produkte auf dem Markt erschienen, die die Fuß- und Sprunggelenksmuskulatur trainieren sollen. Dabei soll das Barfußlaufen imitiert werden. Zuerst als Alltagsschuh eingesetzt, kann man nach einer Gewöhnungsphase mit einigen Modellen auch ein technisches Training oder kurzes Lauftraining absolvieren.

Welcher Schuhtyp bin ich?

Um herauszufinden, welcher Schuhtyp Sie sind, wenden Sie sich am besten an ein Laufsportfachgeschäft. Dort finden Sie nicht nur kompetente Beratung, sondern auch die Möglichkeit der Analyse, welchem

Straßen-Trainingsschuh

Stabil-Schuh

Laufschuhe: Die wichtigsten Eigenschaften im Überblick

	Cushion	Stabil	Lightweight	Wettkampf	Trail (Nike Free)	Barfußlaufen
Gewicht	350–450 g	400–500 g	280–400 g	150–250 g	250–300 g	
Torsion	kaum	kaum	gut	sehr gut	gut	sehr gut
Stützen	keine	stark	keine bis leichte	keine	vom Modell abhängig	keine
Flexibilität im Vorfuß	kaum	kaum	gut	sehr gut	gut	sehr gut
Sprengung	hoch	mittel	mittel	kaum	gering	mittel
Dämpfung	stark	mittel	gut	kaum	kaum	nur aktiv

Torsion: natürliche Drehbewegung des Fußes.

Sprengung: Bauhöhenunterschied Fersenaufbau zu Vorfuß

Fuß-, Lauf- und damit Schuhtyp Sie entsprechen.

Ein gutes Laufsportfachgeschäft erkennen Sie schon an den ersten Fragen des Beraters. Eine kompetente Beratung beginnt mit der Bedarfsermittlung: Welche bzw. wie viele Schuhe laufen Sie bisher? Wie viel und wie schnell laufen Sie? Welchen Untergrund nutzen Sie? Welche Lauferfahrungen haben Sie bisher gemacht? …

Anschließend wird mit verschiedenen Verfahren (z. B. Spiegeltisch, Scan, Laufband …) gemessen, welcher Grundtyp an Schuh für Sie passt. Neben der Passform tritt an dieser Stelle oft die Frage nach der sogenannten (Über-)Pronation (Einwärtsbewegung des unteren Sprunggelenks und wichtige Eigendämpfungsbewegung) oder Supination (Auswärtsdrehung) auf. Leider werden oftmals auch heute noch zu stark gestützte Schuhe verkauft. Grund sind Fehlinterpretationen der Analyse und oftmals unglückliche Analyseumstände (z. B. Laufen mit langer Hose, isolierte Aufnahme des Sprunggelenkes anstatt der gesamten Beinachse mit Becken). Eine gute Beratung erkennen Sie auch daran, dass Sie verschiedene Schuhe entweder auf dem

Barfuß-Schuh

DAS BRAUCHEN SIE – AUSRÜSTUNG UND MEHR

Laufband vergleichen (mit Video) oder auch vor dem Geschäft kurz zur Probe laufen können.

Den besten Schuh gibt es nicht – nur den bestgeeigneten. Ebenso gibt es keinen Schuh für Laufeinsteiger, sondern gute und schlechte Schuhe.
Falls Sie bezüglich der Beratungsqualität sichergehen möchten, vertrauen Sie auf die Empfehlungen Ihrer Laufkollegen. Qualifizierte Beratung bekommen Sie auch in den Geschäften der LEX-Laufexpertengruppe (www.laufexperten.de).
Beim Kauf von neuen Schuhen sollten Sie unbedingt Ihre alten Schuhe und ggf. Einlagen mitnehmen, so kann der Verkäufer erkennen, wie der Schuh abgelaufen ist. Kaufen Sie die Schuhe nachmittags, da sind Ihre Füße schon ausgetreten. Bringen Sie Laufsocken zum Probieren mit.

Wie viele Schuhe brauche ich?

Die Faustregel lautet: So viele Trainingstage Sie in einer Woche absolvieren, so viele Paar Laufschuhe sollten Sie besitzen. Um einseitige Belastungen zu vermeiden, sollten Sie natürlich nicht fünf Paar des gleichen Modells kaufen, sondern darauf achten, dass die Schuhe ein wenig variieren. Wenn Sie ein gedämpftes Modell für lange Läufe, Lightweight-Trainer für schnellere Einheiten und einen Goretex-Schuh für Geländetrainings und schlechtes Wetter besitzen, haben Sie ausreichend Abwechslung im Schuhregal.

Viele Online-Lauftagebücher verfügen über ein Feld, in das Sie eintragen können, mit welchem Schuh Sie die Einheit gelaufen sind. Auf diese Weise behalten Sie auch den Überblick über die gelaufenen Kilometer. Die Schuhindustrie empfiehlt, Laufschuhe nicht mehr als 800 km zu laufen. Die Erfahrung zeigt, dass manche Schuhe schon nach 500 km durch sind und andere Schuhe auch nach 900 km noch keine großen Verschleißerscheinungen aufweisen. Es macht also keinen Sinn, sich sklavisch an die Kilometervorgaben zu halten, die Statistik über die mit dem Schuh gelaufenen Kilometer hilft Ihnen aber dabei, ein wenig den Überblick zu behalten. Wenn sich das Innenfutter auflöst oder die Sohle abgewetzt ist, wird es in jedem Fall Zeit für ein neues Paar Schuhe.

Kleidung

Einen Laufanfänger erkennt man daran, dass er zu warm angezogen ist. Die richtige Kleiderauswahl ist aber auch für erfahrene Läufer nicht immer ganz einfach, besonders dann nicht, wenn es heftige Temperaturschwankungen gibt. Bewährt hat sich deshalb das Zwiebelprinzip, was nichts anderes heißt, als dass Sie mehrere Schichten übereinander anziehen, die Sie bei Bedarf wieder ausziehen können. Wenn Sie regelmäßig, also auch bei jeder Witterung, laufen wollen, sind die in der Tabelle aufgeführten Kleidungsstücke in jedem Fall sinnvoll. Besonders für das Wintertraining ist es wichtig, dass die Shirts und Jacken atmungsaktiv sind, das heißt, dass der Schweiß vom Körper weg nach außen transportiert wird.

Laufsocken

Ein Wort noch zu den Laufsocken. Es gibt zahlreiche Anbieter von Laufsocken. Gute Socken sind so verarbeitet, dass es keine Nähte gibt, die Blasen verursachen könnten, und die Ferse z. B. gepolstert ist. Testen Sie unbedingt auf langen Läufen aus, mit welchem Sockenmodell Sie gut zurechtkommen, und bleiben Sie bei diesem Modell. Der beste Schuh hilft nichts, wenn die Socken reiben.

Inzwischen sieht man bei Marathonveranstaltungen immer mehr Menschen mit bunten Kniestrümpfen laufen. Dabei handelt es sich um Kompressionsstrümpfe, die dafür sorgen sollen, dass der venöse Blutrückfluss gesteigert wird, die Muskelvibration reduziert und die Regeneration deutlich verkürzt wird.

Mit Kompressionsstrümpfen und Ärmlingen

Welche Kleidung brauche ich wann?

	Trocken	Windig	Regen oder Schnee
> 20 °C	Kappe, Top, Singlet, Shirt, Shorts, Tights	T-Shirt	
10–20 °C	Tights 3/4, T-Shirt	Langarm-Shirt oder Windjacke	Funktionsjacke
3–10 °C	Kappe o. Stirnband, lange Tights, Langarm-Shirt	Funktionsunterwäsche	Funktionsjacke und GoreTex-Hose
< 3 °C	Warme Tights, Langarm-Pulli, Fleece-Pulli	Funktionsunterwäsche, Mütze, Handschuhe	Funktionsjacke, Goretex-Hose

Nützliche Accessoires

Je nach Wetterlage, Streckenlänge und Umgebung können spezielle Ausrüstungsgegenstände entscheidend zum Laufkomfort und zur Sicherheit beitragen. Wir haben Ihnen die wichtigsten Accessoires zusammengestellt und deren Einsatzgebiet beschrieben.

Laufuhren

Die meisten Trainingspläne, wie auch die in diesem Buch, geben einen Herzfrequenzbereich an, in dem die jeweilige Einheit absolviert werden soll. Der Sportuhrenmarkt hat auf diesen Trend reagiert und Herzfrequenzuhren mit unterschiedlichsten Zusatzfunktionen auf den Markt gebracht.

Einfache Pulsuhr

Eine Pulsuhr besteht aus zwei Komponenten: einer Uhr und einem Brustgurt. Über den Brustgurt wird der Puls ermittelt und an die Uhr gefunkt. Achten Sie beim Kauf darauf, dass der Gurt gut sitzt, die Uhr leicht zu bedienen ist und das Display so gestaltet ist, dass Sie Ihren Puls auch während des Laufens ablesen können. Neben der Herzfrequenzfunktion sollte es unbedingt möglich sein, auch Rundenzeiten zu stoppen. Spätestens, wenn Sie Intervalle trainieren, sparen Sie sich dadurch eine Menge Rechnerei. Bei etwas teureren Modellen kann man Trainingsbereiche eingeben, sodass die Uhr ein Tonsignal gibt, wenn Sie sich außerhalb der festgelegten Herzfrequenz befinden.

Pulsuhr mit Geschwindigkeitsmessung

Zur Uhr und zum Brustgurt kommt bei diesem Modell ein Laufsensor bzw. ein sogenannter FootPod hinzu. Das Gerät wird am Schuh angebracht und macht es so möglich, Entfernung und Geschwindigkeit zu erfassen. Es muss anfangs auf Ihren Laufstil kalibriert werden, um möglichst genaue Daten zu erhalten. Die auf der Uhr gespeicherten Daten können via Kabel oder Infrarot-Schnittstelle an den Computer übertragen und dort ausgewertet werden. Wenn Sie alle Ihre Trainingseinheiten aufzeichnen, haben Sie ein komplettes Online-Trainingstagebuch. Neben Herzfrequenz und Ge-

Laufuhr mit GPS

Pulsuhr und Laufsensor

NÜTZLICHE ACCESSOIRES

schwindigkeit werden auch die zurückgelegten Höhenmeter ausgewiesen, was für Bergläufer interessant ist.

Uhr mit GPS

Für die Streckenerfassung mit GPS brauchen Sie einen Satellitenempfang. Bei neueren Modellen ist der Empfang sehr beständig, sodass Sie Ihre Strecke auch im Wald problemlos aufzeichnen können. Das schöne an GPS-Uhren ist, dass sie zur Streckenerfassung für jede Sportart genutzt werden können – der Laufsensor funktioniert hingegen wirklich nur beim Laufen. Die Daten aus der GPS-Uhr lassen sich auf den Computer laden und über z. B. Google Earth in der Kartenansicht darstellen. Besonders wenn man viel unterwegs ist, kann man so nachvollziehen, wo in der Welt man schon überall gelaufen ist.

Weitere Accessoires

Stirnlampe

Die Leuchtkraft einer Stirnlampe wird in Lumen angegeben. Die Spannbreite reicht von 55 bis zu 550 Lumen. Das Gewicht bewegt sich zwischen ca. 60 und 220 Gramm. Einige Stirnlampen haben einen Regler, mit dem die Leuchtkraft eingestellt werden kann, andere können auf Dauerlampe oder Blinken eingestellt werden. Wenn Sie nachts mit Stirnlampe laufen wollen, ist vor allen Dingen darauf zu achten, dass die Lampe schwenkbar ist und einen Lichtkegel produziert, der verhindert, dass Sie in einer Art Tunnel laufen.

Wenn Sie im Straßenverkehr unterwegs sind, ist es genauso wichtig, gesehen zu werden, wie selbst zu sehen. Ein blinkendes Lichtsignal kann hier die nötige Aufmerksamkeit hervorrufen. Die hier abgebildete Stirnlampe verfügt auch noch über eine Signalpfeife für den Notfall.

Gamaschen

Sie kennen Gamaschen vielleicht in der fast kniehohen Variante. Für Läufer gibt es spezielle Gamaschen, um den Übergang vom Schuh zur Laufhose quasi abzudichten. Bei Trainingsläufen im Schnee eine praktische Lösung, damit man nicht trotz Goretex-Schuhen nasse Füße bekommt.

Stirnlampe mit Signalpfeife

Gamaschen für den Schnee

Der Laufrucksack ist besonders für Läufe im Gelände sinnvoll.

Trinkflasche mit einer kleinen Tasche für lange Läufe

Trinkgürtel

Trinkgürtel gibt es in vielen Ausführungen. Mit einer großen Flasche oder mehreren kleinen Fläschchen, mit Taschen oder integriertem Reißverschluss für Schlüssel und Geld. Für welche Ausführung Sie sich entscheiden, ist Geschmackssache.

Laufrucksack

Ein Bauchgurt erfüllt seinen Zweck voll und ganz, wenn nur Flüssigkeit, ein Riegel und der Schlüssel mitmüssen. Schwieriger wird es, wenn mehr Gepäck notwendig ist. Das kann bei langen Läufen oder bei Läufen im Gelände beziehungsweise in den Bergen wichtig sein. Trinkrucksäcke bieten die Möglichkeit, eine Trinkblase einzubauen, um so über einen Schlauch auch während des Laufens problemlos trinken zu können. Der Rucksack muss in jedem Fall eng am Körper anliegen und darf nicht rutschen. Ein pendelnder Rucksack stört nicht nur beim Laufen, dadurch können sich auch schnell Scheuerstellen bilden.

Sonnenbrille

Sonnenbrillen schützen die Augen nicht nur im Sommer, sondern auch bei Eis und Schnee. Im Brillenfachgeschäft lassen sich geschliffene Gläser einsetzen. Wichtig ist bei Sportbrillen, dass sie gut belüftet sind und nicht beschlagen.

Schneeketten/Spikes

Marathonvorbereitung im Winter kann auch bedeuten, dass Sie einen Teil Ihrer Trainingseinheiten bei Eis und Schnee absolvieren müssen. Wenn es wirklich glatt wird, sind ernsthafte Trainingseinheiten mit konventionellen Laufschuhen kaum mehr zu bewältigen. Abhilfe schafft hier eine Art Schneeketten, die Sie über Ihren Laufschuh ziehen können. Schneeketten gibt es mit Sporen, also eine Art Spikes, und Spiralen. Das Laufgefühl ist anfangs zwar ein bisschen seltsam, wenn die Alternative allerdings Glatteis ist, nimmt man diese Eingewöhnungsphase gerne in Kauf. Für richtig harte Intervalle eignen sich Cross-Spikes am besten. Die langen Dornen bieten optimalen Halt auf Eis, zum Ein- und Auslaufen sind sie allerdings überhaupt nicht geeignet. Seit einigen Jahren gibt es auch Laufschuhe mit integrierten Spikes.

Mit dem Babyjogger unterwegs

Der Laufkinderwagen ist ein gutes Gerät, wenn sich kein Babysitter findet oder das Kind noch ein bisschen Frischluft abbekommen soll. Ein paar Regeln sind allerdings zu beachten, damit auch Ihr Kind Vergnügen an den Trainingseinheiten hat. Die wichtigste Regel gleich zu Anfang: Zuerst kommt das Kind. Alles andere lässt sich daraus ableiten. Sie sollten erst dann mit den mobilen Trainingseinheiten beginnen, wenn Ihr Kind alleine sitzen und den Kopf problemlos alleine halten kann. Auch wenn Sie es kaum mehr erwarten können – die meisten Kinder sind dazu erst nach sieben bis neun Monaten in der Lage. Ist Ihr Kind groß und stark genug, kann es gut gesichert mitfahren. Angurten ist Pflicht. Wenn das Gurtsystem nicht richtig justiert ist, kann Ihr Kind hinausrutschen, was nicht nur unbequem ist, sondern auch sehr gefährlich sein kann. Gurten Sie nicht nur Ihr Kind, sondern auch sich selbst an. Das klingt ein wenig seltsam, macht jedoch großen Sinn. Eine Leine um das Handgelenk verhindert, dass sich der Kinderwagen im abschüssigen Gelände selbstständig macht. Denken Sie immer daran, dass Ihr Kind deutlich wärmer angezogen sein muss als Sie selbst.
Trainingseinheiten, die Sie mit dem Babyjogger absolvieren, sollten nicht länger als eine Stunde dauern. Selbst geduldigen Kindern wird es danach langweilig und die Ausfahrt ist bei unebenem Gelände wahrscheinlich auch trotz Federung und Luftbereifung nicht gerade komfortabel.
Zu guter Letzt noch ein Wort zur Lauftechnik. Es reicht, wenn Sie den Wagen mit einer Hand führen. Wenn Sie den Griff mit beiden Händen festhalten, kann es sehr schnell passieren, dass Sie einen unökonomischen Laufstil entwickeln. Mit einem etwas längeren Sicherungsseil können Sie den Kinderwagen abwechselnd ein wenig anschubsen, um nicht zu einseitig zu belasten.

Was muss ich beim Kauf beachten?

- Große leichtgängige Räder, 20 Zoll Räder laufen am leichtesten, etwas weniger Luft in den Reifen erhöht den Komfort für Ihr Kind.
- Breitere Hinderachse und längerer Radstand, damit der Wagen gut in der Spur läuft.
- Höhenverstellbarer Griff. Optimal ist die ungefähre Höhe des Bauchnabels.
- Gute Gurte. Wenn möglich, sollte der Rahmen so konstruiert sein, dass er beim Umkippen zusätzlich schützt.
- Einfache Bremssysteme bestehen aus einer Felgenbremse vorne. Wenn Sie sehr schnell sind, können Sie sich auch noch eine Trommel oder Scheibenbremse für das Hinterrad gönnen.
- Testen Sie den Wagen möglichst vor dem Laden. Nur so können Sie die Laufeigenschaften wirklich beurteilen.

Sicherheitsvorkehrungen

Es gibt wenige Gründe, warum man nicht zu allen Tages- und Nachtzeiten laufen gehen sollte, allerdings gilt es, einige Vorkehrungen zu treffen, die Sie sicherer machen und den Laufgenuss erhöhen. Vorweg sollten zwei Dinge unterschieden werden: die Gefahr, die Ihnen von Fremden drohen könnte, und die Gefahr, der Sie sich aussetzen, wenn Sie einsame Wege im Winter oder bei schlechter Witterung laufen. Die wichtigste Grundregel lautet immer – Gefahren vermeiden, wenn Sie vermeidbar sind.

Laufen Sie, wenn möglich, aber vor allem wenn Sie sich angreifbar fühlen, in einer Laufgruppe oder mit Freunden. Wenn Sie zu denjenigen gehören, die gerne alleine trainieren, helfen weitere wenige Sicherheitsvorkehrungen, um beruhigter unterwegs zu sein: Nehmen Sie Ihr Handy mit und geben Sie zu Hause Bescheid, wohin Sie laufen und wann Sie zurück sein wollen. Ein Pfefferspray hilft nicht nur gegen aufdringliche Zeitgenossen, sondern auch gegen beißwütige Hunde. Versuchen Sie nachts, auf beleuchteten Wegen zu laufen. Seien Sie insofern unberechenbar, als dass Sie nicht immer dieselbe Runde zur gleichen Zeit drehen. Oft wird vergessen, dass die Gefahr nicht unbedingt von außen droht, sondern sich durch dumme Zufälle entwickeln kann: der verstauchte Knöchel, zu spät bei schlechtem Wetter und Dunkelheit von Autofahrern gesehen werden, Verlaufen in unbekanntem Gelände. Auch hier gilt – nehmen Sie ein Handy mit. Machen Sie sich mit Reflektoren sichtbar und verzichten Sie auf Kopfhörer, damit Sie herannahende Fahrzeuge hören können. Wenn Sie viel im Gelände unterwegs sind und sich gerne verlaufen, sollten Sie sich ein GPS-Gerät kaufen.

SICHERHEIT IN ALLER KÜRZE

- Nehmen Sie das Handy mit, wenn Sie alleine unterwegs sind.
- Hinterlassen Sie zu Hause, wohin Sie laufen und wann Sie wieder zurück sein wollen.
- Wenn es Sie beruhigt, dann nehmen Sie ein Pfefferspray mit.
- Wählen Sie nicht immer dieselbe Laufstrecke zur gleichen Uhrzeit.
- Laufen Sie nicht mit Kopfhörern.
- Schließen Sie sich Laufgruppen an.
- Tragen Sie Reflektoren.

Trainingstagebuch

Unter Trainingstagebuch versteht man nichts anderes, als dass Sie, in welcher Form auch immer, erfassen, wie viel (Umfang, Zeit) und was (Intensität, Trainingsinhalt) Sie trainiert haben. Ob Sie dazu Ihren Kalender benutzen, sich selbst eine Tabelle entwerfen oder Ihre Daten online eingeben, ist dabei einerlei.

Runner's World bietet ein kostenloses Online-Tagebuch an, in dem neben Uhrzeit,

Kilometer, Art des Trainings und Puls auch die Außentemperatur, verbrauchte Kalorien und eigene Kommentare hinterlegt werden können. Trägt man sein Schuhmodell ein, werden auch die gelaufenen Kilometer addiert, sodass Sie zumindest einen groben Anhaltspunkt dafür haben, wann Ihr Schuh durch ist oder zumindest durch sein könnte.

Eine andere Möglichkeit ist es, die Daten direkt von der Uhr zu laden und z. B. über die Garmin-Website auszuwerten. Bei einer GPS-Uhr werden die Daten direkt mit Google Earth verknüpft, sodass man sehen kann, wo man unterwegs war.

Egal, ob am Computer oder in einem Kalender, wichtig ist es, einen Überblick über das tatsächliche Training zu bekommen. Gefühlte Trainingsleistung und tatsächlich absolvierte Trainingseinheiten gehen je nach Läufertyp stark auseinander. Während der eine immer ein schlechtes Gewissen hat, weil er oder sie denkt, zu wenig zu trainieren, so schwelgen andere in dem Gefühl, wahnsinnig viel zu trainieren, und verstehen nicht, warum es dennoch nicht leichter wird. Für beide Typen kann ein Tagebuch sehr hilfreich sein, um Schein und Wirklichkeit in Einklang zu bringen. Funktionieren kann ein Trainingstagebuch natürlich nur, wenn es auch konsequent und wahrheitsgemäß geführt wird.

Zwischenzeiten-Bändchen

Die meisten, die sich bei einem Wettkampf auf die Strecke machen, wollen eine bestimmte Zeit erreichen. Handelt es sich um eine einfach Rechnung wie z. B. 10 km in 50 Minuten, so bekommt man das auch noch mit wenig Sauerstoff im Kopf und ohne große Rechenleistung hin. Ganz anders sieht es aus, wenn z. B. eine Zielzeit von 3:50:00 im Marathon angestrebt wird. Die ersten 10 km geht es mit der Rechnerei noch ganz gut, irgendwann wird es schwierig, im Auge zu behalten, ob man in der Zeit, zu schnell oder zu langsam ist. Ein Laufbändchen kann man sich auf der Website von Peter Greif erstellen lassen oder selbst schreiben. Mit einem Tesafilm umwickelt, damit es durch den Schweiß nicht reißt, kann ein Laufzeitenbändchen Stress vermeiden helfen.

Es gibt aber auch Laufuhren, bei denen man die Zielzeit einstellen kann und das Display anzeigt, ob man hinter dem virtuellen Laufpartner läuft oder in Führung liegt. Definitiv preiswerter ist aber sicherlich das Laufzeitbändchen.

Der Wettkampf

Wochen und Monate voll intensivem und umfangreichem Training liegen hinter Ihnen. Das Ziel scheint nah und Sie fiebern dem Tag X entgegen. »Jetzt nur nichts falsch machen«, werden Sie sich immer wieder vorsagen. Gehen Sie mit einer positiven Einstellung an den Wettkampf heran. Machen Sie sich bewusst, dass es kein Zuckerschlecken wird. Nehmen Sie die Belastung, die auf Sie zukommt, auch mental an – stellen Sie sich darauf ein. So sind Sie schließlich nicht überrascht, wenn die Beine ab km 30 schwer werden.

Wettkampfvorbereitung

Das Wichtigste vorweg: »Never try anything new in the arena!« Egal, ob Ernährung, Renntaktik oder Laufschuh – machen Sie keine Experimente im Marathon! Alles sollte vorher (am besten schon in wettkampfähnlichen Situationen) getestet worden sein.

Welcher Wettkampf passt zu mir?

Sich dafür zu entscheiden, einen Marathon laufen zu wollen, ist eine Sache. Eine ganz andere Frage ist, welcher es werden soll. Das Einzige, was zwei Marathons miteinander gemeinsam haben, ist die Streckenlänge – mehr aber auch nicht. Ob es Spaß macht oder nicht, ob Sie gut und zufrieden ankommen oder schon unterwegs die Nerven verlieren, hängt wesentlich davon ab, ob Sie sich vorher ausreichend Gedanken darüber gemacht haben, welche Umstände für Sie die richtigen sind.

Die wichtigsten Fragen vor der Anmeldung

Setzen Sie sich wirklich ernsthaft mit den folgenden Fragen auseinander. Jeder Läufer ist anders – einen einzig seligmachenden Rat gibt es nicht. In jedem Fall sollten Sie versuchen, die Marathon-Situation schon im Training zu simulieren. Laufen Sie also nicht um den Berg herum, sondern oben drüber, wenn Sie vorhaben, einen Marathon im profilierten Gelände zu absolvieren.

- Will ich eine neue Bestzeit laufen oder eine neue Strecke kennenlernen?
- Beflügelt es mich, wenn viele Menschen am Straßenrand stehen oder fühle ich mich eher belästigt?
- Will ich mit den Stars der Szene laufen oder nicht?
- Was ist mir lieber: Ein Lauf mit vielen Teilnehmern oder eine familiäre Veranstaltung?
- Möchte ich meinen Marathon mit einer Reise verbinden oder ist mir eine kurze An- und Abreise wichtig? Eine Faustregel: Pro Stunde Zeitverschiebung muss man einen Tag zur Gewöhnung einplanen.
- Laufe ich gerne auf Asphalt oder nehme ich steinige Wege in Kauf, wenn ich dafür eine schöne Landschaft geboten bekomme?
- Komme ich besser mit schnellen und flachen oder herausfordernden und hügeligen Strecken zurecht?
- Laufe ich lieber eine große Runde oder mehrere kleine?
- Frühjahr oder Herbst? Traue ich mir lange Winterläufe zu?
- Lege ich Wert auf Chipmessung oder reicht mir die Zeit auf der eigenen Uhr?
- Will ich eine möglichst gute Dokumentation (Fotos, Finisher-Zeitung, Berichte in Tageszeitungen)?

Signalwörter in der Ausschreibung

Verlassen Sie sich besser nicht auf Erzählungen von anderen Läufern – schauen

WETTKAMPFVORBEREITUNG

Sie sich das Streckenprofil genau an. Wenn Sie sich einen Eindruck von Stadtstrecken machen wollen, können Sie zur Not Google Street View nutzen. Hier noch ein paar Signalwörter, die Sie hellhörig machen sollten, wenn sie in der Ausschreibung stehen:

- Profiliertes Gelände heißt nicht anderes, als dass es häufig bergauf und bergab geht.
- Rundkurs: Sie wissen zwar, was kommt, wissen aber auch, dass es immer wieder kommt. Hier ist die Gefahr, einfach aufzuhören, sehr groß.
- Familiäre Veranstaltung: Es nehmen eher wenige Läufer teil. Unterwegs kann es sehr einsam werden.
- Landschaftlich reizvolle Strecke: In landschaftlich reizvollen Umgebungen ist nicht unbedingt mit einer guten Verkehrsinfrastruktur zu rechnen. Einfach zwischendrin aufhören, wie bei einem Stadtmarathon, geht nicht unbedingt.

Der Tag davor

Bei einem Marathon, der vielleicht noch in einer anderen Stadt stattfindet, ist Ihre wichtigste Aufgabe, entspannt zum Wettkampf zu gelangen, sich am Wettkampfort zu orientieren, die Startnummer abzuholen und dafür zu sorgen, dass Sie ausreichend Kohlenhydrate und Flüssigkeit zu sich nehmen. Viele Marathon-Veranstalter bieten sogenannte Pasta-Partys an, auf denen Sie sich mit Kohlenhydraten versorgen und zugleich mit anderen Wettkampfteilnehmern in Kon-

Einige Veranstalter bieten Motto-Läufe an.

takt kommen können. Besonders dann, wenn Sie alleine angereist sind, ist das eine gute Möglichkeit, um die Wartezeit bis zum Start sinnvoll zu überbrücken. Gehen Sie nicht zu früh und auch nicht zu spät zu Bett. Vermutlich werden Sie in der Nacht vor dem Start nicht besonders gut schlafen – das ist völlig normal und passiert auch routinierten Weltklasseläufern. Wenn Sie gut trainiert sind und das Trainingsvolumen in der Woche vor dem Start heruntergefahren haben, macht eine Nacht mit weniger Schlaf nichts aus.

Wenn Sie wirklich auf Nummer sicher gehen wollen, reisen Sie zwei Tage vorher an. So haben Sie am Wettkampfvortag genügend Puffer. Vermeiden Sie dennoch lange Fußmärsche oder Besichtigungstouren – das können Sie anschließend nachholen.

Das gehört in die Wettkampftasche

Zu einem Marathon gehört die Aufregung vor dem Wettkampf mindestens genauso dazu wie das Training. Liegen die Nerven blank, ist es sinnvoll, die Tasche schon am Abend vorher zu packen und dabei eine Liste abzuhaken, um wirklich nichts zu vergessen.

Eine Liste der wirklich wichtigen Dinge
- Anmeldebestätigung
- Startnummer
- Startnummernband oder Sicherheitsnadeln
- Pulsuhr und Brustgurt
- Sonnencreme
- Mütze (bei Kälte)
- Socken, bereits einmal getragen
- Shirt
- Sport-BH oder Bustier
- Pflaster (Männer sollten sich die Brustwarzen abkleben, um ein Aufscheuern zu verhindern.)
- Vaseline
- Hose, kurz und lang
- Sonnenbrille
- Gels (bitte vorher unbedingt im Training ausprobieren, Geschmack und Konsistenz sind sehr gewöhnungsbedürftig)
- Uhr
- MP3-Player (überprüfen Sie vorher, ob das Gerät aufgeladen ist und die Songs auf dem Gerät sind, die Sie brauchen). Bei einigen Marathons ist es verboten, mit Musik zu laufen. Erkundigen Sie sich vorher.
- Geldschein (trägt nicht auf und kann im Notfall sehr hilfreich sein)
- Alter Pullover, falls Start und Ziel nicht identisch sind. (In New York stehen Sie zum Teil stundenlang im Startbereich. Es kann im November unangenehm frisch werden, wenn Sie nichts zum Drüberziehen dabeihaben. Den Pullover kann man am Start zurücklassen. Er landet dann meistens in der Altkleidersammlung.)
- Laufrucksack oder Trinkgurt, wenn sich die Gegebenheiten unterwegs ändern können. (Dieser Aspekt wird besonders im Gebirge und bei langen Strecken interessant. Bei manchen Läufen ist Wärmebekleidung sogar vorgeschrieben.)
- Laufschuhe (nicht zu neu und nicht zu alt. In jedem Fall auf langen Strecken erprobt)
- Duschzeug (sofern der Veranstalter Duschmöglichkeiten anbietet)

Schreiben Sie in jedem Fall Ihren Namen und die Telefonnummer einer Kontaktperson hinten auf die Startnummer. Sollten Sie Arzneimittelallergien oder Ähnliches haben, muss das ebenfalls hinten auf der Startnummer vermerkt werden. Im Fall der Fälle kann es für die Veranstalter und Mediziner sehr hilfreich sein, nicht erst lange recherchieren zu müssen.

Überlegen Sie sich, was Sie sonst noch unbedingt unterbringen müssen oder wollen, sei es der Auto- oder Wohnungsschlüssel, das Handy oder Gels zur Verpflegung. Für den Schlüssel reicht zur Not die Reißverschlusstasche der Hose – bei einem Handy muss es vermutlich eher ein kleiner Bauchgurt sein.

Am Wettkampftag

Marathons und Halbmarathons starten in der Regel vormittags – üblicherweise um 9 oder 10 Uhr. Frühstücken Sie spätestens zwei bis drei Stunden vor dem Start. Sollten Sie in einem Hotel frühstücken, lassen Sie sich nicht vom Buffet verführen. Speck, Eier, ein grobschrotiges Vollkornmüsli oder dergleichen sind definitiv nicht geeignet, um mit einem guten Körpergefühl an den Start zu gehen. Essen Sie das, was Sie auch vor Ihren langen Läufen zu sich genommen haben, Cornflakes oder Brötchen mit Marmelade oder Honig sind geeignet. Dazu eine Tasse Kaffee oder Tee, um wach zu werden. Trinken Sie auch ausreichend Wasser, um nicht durstig an den Start zu gehen. Was auch immer Sie essen oder trinken – nehmen Sie nichts zu sich, was Sie nicht schon im Training ausprobiert haben. Ausgestattet mit Ihrer Wettkampftasche, können Sie sich nun auf den Weg zum Austragungsort machen.

Am Wettkampfort

Wenn Sie Ihre Startunterlagen schon am Tag vorher abgeholt haben, reicht es, wenn Sie 1 bis 1½ Stunden vor dem Start am Wettkampfort sind. Für die Startnummernausgabe am Wettkampftag müssen Sie gut ½ Stunde einplanen – ein bisschen Puffer schadet nicht. Mit ausreichend Puffer können Sie nun Ihre Vorbereitungsroutine abspulen und finden noch ausreichend Zeit, um sich in die Toilettenschlange einzureihen. Unterschätzen Sie diesen Zeitfaktor nicht!

Die Vorbereitungsroutine

- Zeitnahme-Chip am Schuh anbringen (sofern Sie nicht schon Ihren eigenen eingebaut haben).
- Pulsuhr und Brustgurt anlegen. Wenn Sie die Uhr schon länger in Gebrauch haben, lohnt es sich, die Batterien vorher auszuwechseln.
- Brustwarzen ggf. abkleben und empfindliche Scheuerstellen mit Vaseline einreiben.
- Umziehen (achten Sie darauf, dass Sie auch Ihre Kleidung schon einmal bei einem langen Lauf ausprobiert haben. Nach 20 km kann sonst eine Naht zu scheuern anfangen, von der Sie nie gedacht hätten, dass es sie gibt.)
- Startnummer anbringen
- Verpflegung einstecken
- Jetzt gilt es nur noch, den Rucksack mit Namensschild oder Startnummernaufkleber an der Kleiderabgabe abzugeben und den richtigen Startblock zu finden.
- Bei manchen Wettkämpfen erfolgt ein Bustransfer zum Start. Denken Sie daran, dass Sie unter Umständen einige Zeit im Startbereich stehen müssen und bei entsprechender Witterung stark auskühlen können. Nehmen Sie sich unbedingt eine alte Turnhose und ein Sweatshirt mit, die Sie im Startbereich wegwerfen können.

Zug- und Bremsläufer

Auf größeren Wettkämpfen wird vom Veranstalter in vielen Fällen ein besonderer Service geboten: Ausgerüstet mit einem Luftballon und aufgemalter Zielzeit, stellen sich erfahrene Läufer als Tempomacher zur Verfügung. Der Plan ist eigentlich, dass sich Läufer 100 %ig darauf verlassen können sollten, dass der Zugläufer gleichmäßig durchläuft. Leider besitzt nicht jeder Zugläufer dieses Talent, sodass ein ungleichmäßiges Tempo sehr nervenaufreibend werden kann. Probieren Sie es aus, scheuen Sie aber auch nicht davor zurück, von der Gruppe auszuscheren, wenn Sie sich durch den Tempomacher oder die Gruppe gestresst fühlen.

Renntaktik

Die meisten Marathonläufer haben eine Zielzeit, die sie gerne erreichen möchten. Um das Tempo gut einzuteilen, rechnen Sie sich vorher aus, wie viele Minuten pro Kilometer Sie laufen müssen, um diese Zielzeit zu erreichen.

Erfahrene Läufer schaffen es, die zweite Hälfte des Rennens mindestens genauso schnell, wenn nicht gar schneller zu laufen als die erste. Wenn Sie es anfangs nicht zu schnell angehen, haben Sie gute Chancen, dies auch zu schaffen. Die Versuchung, sich beim Start von den anderen Läufern mitreißen zu lassen, ist allerdings sehr groß. Aber jede Sekunde, die Sie vorne zu schnell angehen, werden Sie im hinteren Teil des Rennens spüren. Achten Sie also besonders anfangs genau darauf, im Tempo zu bleiben.

Renneinteilung nach Herzfrequenz oder Zieltempo?

Die Herzfrequenz ist mit Einschränkungen ein geeigneter Indikator für die richtige Rennbelastung. Sie werden aufgrund der Stresssituation zu Beginn eine deutlich überhöhte HF haben. Lassen Sie sich nicht verunsichern. Gehen Sie besonders die ersten Kilometer sehr (!) verhalten an. Keinesfalls sollten Sie die anderen vermeintlich schnelleren Läufer irritieren. Subjektiv sollten Sie »am Gas hängen« aber noch für eine Temposteigerung das Potential haben. Ist die erste Aufregung erst einmal verflogen, weicht die Start-Euphorie der Konzentration, können Sie sich auch von der Herzfrequenz leiten lassen. Folgende Richtwerte sind, je nach Leistungsvermögen, realistisch:

Für LäuferInnen bis 3:30 Zielzeit:
85–92 % der HF_{max}
Für LäuferInnen bis 4:15 Zielzeit:
80–88% der H_{Fmax}
Für LäuferInnen über 4:15 Zielzeit:
75–85% der HF_{max}

Beachten Sie, dass bei konstantem Renntempo ab dem zweiten Drittel Ihre Herzfrequenz ansteigt. Das hat mit dem enormen Flüssigkeitsverlust und der Anhäufung von Schlackenstoffen zu tun. Spätestens dann sollten Sie sich – bei vorangegangener richtiger Renneinteilung – an Ihren Zwischenzeiten und Ihrem subjektiven Empfinden (Tagesform) orientieren.

Aufgrund der unterschiedlichen Ermüdungsfaktoren ist es ohnehin schwierig, auch gegen Ende das Tempo noch zu halten. Sie werden das Gefühl haben, sich deutlich mehr anzustrengen, dennoch bleibt Ihre Kilometerzeit bestenfalls gleich. Eine bewährte Renntaktik ist, nach einem verhaltenen Beginn (ca. 5–8km) einen starken Mittelteil folgen zu lassen (aber nie mehr als 5–6 Sekunden schneller als der geplante Marathonschnitt). Das Polster aus dem Mittelteil werden Sie ab km 30–33 brauchen.

Verpflegung

Bei gut organisierten großen Marathonveranstaltungen gibt es alle paar Kilometer Verpflegungsstellen mit Getränken und Essen. Bei den meisten Veranstaltungen können Sie am Tag vor dem Wettkampf auch Eigenverpflegung abgeben. Denken Sie aber daran, dass es zum enormen Stressfaktor werden kann, wenn Ihre Spezialmischung dann doch nicht am Stand angeliefert wurde. Wenn Sie von Anfang an trainieren, mit Wasser, isotonischen Getränken, Bananen oder Müsliriegeln zurechtzukommen, sind Sie während des Rennens gut versorgt. Viele Läufer schwören auf Power-Gels. Geschmack und Konsistenz sind sehr gewöhnungsbedürftig und sollten vorher ausprobiert werden. Informieren Sie sich im Vorfeld unbedingt darüber, wie viele Verpflegungsstellen es gibt, damit Sie im Zweifelsfall selbst etwas mitführen können.

Versuchen Sie, alle (!) Versorgungsstationen zu nutzen. Wenn Sie in der Gruppe laufen, dann versuchen Sie beim Erreichen der Versorgungsstelle möglichst weit vorne zu sein – erstens sehen Sie besser, was Sie bekommen, und zweitens können Ihnen die Helfer die Sachen besser reichen. Weiter hinten herrscht oft Chaos und Durcheinander. Trauen Sie sich, kurz laut zu rufen, was Sie benötigen (»Wasser«, »Iso«, »Banane«…). Freundliche Helfer antworten dann laut (»hier«) und schon haben Sie einen Überblick.

Beim Trinken gibt es einen einfachen Trick: Formen Sie den Becher zum Schnabel, dann können Sie leichter trinken, ohne etwas zu verschütten. Trinken Sie in kleinen Schlucken (Vorsicht – das Wasser ist oft sehr kalt, da es über Nacht im Freien stand) und essen Sie in kleinen Bissen.
Wenn Sie Gels nutzen, dann öffnen und schlucken Sie diese 500 m vor (!) der Versorgungsstation. Dort können Sie dann bequem nachtrinken.

Reine Kopfsache

Wenn Sie sich körperlich gut auf den Wettkampf vorbereitet haben, ist der Rest reine Kopfsache. Hierzu gehört auch der fast wichtigste Rat: Bringen Sie den Marathon zu Ende, auch wenn Sie Ihre Traumzielzeit nicht schaffen werden – zur Not auch gehend. Es ist nichts frustrierender als ein aus falschem Stolz abgebrochener Wettkampf. Ausnahmen sind massive gesundheitliche Probleme.

Die Tage danach

Wie Sie sich am Tag nach dem Marathon fühlen, wird sehr stark davon abhängen, wie Sie das Ergebnis des Rennens für sich selbst bewerten. Haben Sie Ihr Ziel erreicht oder waren Sie sogar schneller, werden Sie zwar auch Muskelschmerzen haben, diese aber als weit weniger schlimm empfinden. Dennoch gibt es einige körperliche Erscheinungen, die unabhängig vom Ausgang des Rennens zu berücksichtigen sind. Ihre Kohlenhydratdepots sind entleert und sollten durch Nahrungsaufnahme schnell wieder aufgefüllt werden. Abbauprodukte im Organismus wie z. B. Milchsäure und Harnstoff sind erhöht, der Hormonspeicher dafür auf niedrigerem Niveau. Obendrein sinkt durch die körperliche Anstrengung der Spiegel an freien Aminosäuren im Blut erheblich, was wiederum negative Auswirkungen auf das Immunsystem hat. So gesund Ausdauersport ist, ein Marathon an sich ist es nicht, sodass Sie Sofortmaßnahmen für eine schnelle Regeneration Ihres Körpers ergreifen müssen. Gönnen Sie sich eine Massage, halten Sie Ihren Körper warm, essen und trinken Sie in ausreichender Menge und gönnen Sie sich ein bisschen Ruhe.

Egal, wie schnell oder langsam Sie gelaufen sind, am nächsten Tag wird es Ihnen schwerfallen, Treppen zu steigen oder überhaupt zu gehen. Verzichten Sie nicht ganz auf Bewegung, sondern führen

Schmerzmittel können zum Kollaps führen.

Sie gelenkschonende Bewegungen durch. Wenn Sie ein gut temperiertes Schwimmbad in der Nähe haben, können ein paar Bahnen Aqua-Jogging den Regenerationsprozess deutlich beschleunigen.

Genießen Sie Ihren Erfolg und denken Sie ein paar Tage nicht an Trainingspläne und lange Läufe. Reaktivieren Sie die sozialen Kontakte, die während der intensiven Marathonvorbereitung gelitten haben. Schaffen Sie sich Raum für neue Ziele und gönnen Sie sich eine Zeit der »Formlosigkeit«. Es wird der Tag kommen, an dem Sie wieder loslegen wollen. Steigen Sie langsam, mit geringen Unfängen und allgemeinen Trainingsinhalten wieder in das Training ein. Denken Sie daran, dass auch Ihre Stützmuskulatur nach der Trainingpause genügend Anpassungszeit braucht.

Schmerzmittel beim Marathon

Ein Marathon ist eine große Belastung für den menschlichen Körper. Viele Freizeitsportler haben Angst vor den eventuell auftretenden Schmerzen und versuchen, das Schmerzrisiko schon vor dem Start durch die Einnahme von Schmerzmitteln zu reduzieren. Eine Studie der Friedrich-Alexander-Universität Erlangen, die im Rahmen des Bonn Marathons 2009 bei 1024 Teilnehmern durchgeführt wurde, hat ergeben, dass über 60 % der Teilnehmer vor und während des Laufes Schmerzmittel wie Aspirin, Diclofenac, Paracetamol oder Voltaren eingenommen haben (übrigens fast ausschließlich Männer). Die Einnahme dieser Mittel ist gefährlich und kann langfristige Schäden nach sich ziehen.

Der Wettkampf ist für das Herz-Kreislauf-System sehr belastend, die Niere muss die bei der Belastung entstehenden zusätzlichen Schadstoffe ausscheiden, und der Darm sollte in dieser Zeit in der Lage sein, Wasser und Salze aufzunehmen. Durch die starke körperliche Belastung findet aber während der Anstrengung eine Umverteilung des Blutes von den inneren Organen zur Muskulatur und Haut statt, da das Blut dort noch mehr gebraucht wird. Die Nieren werden in der Durchblutung zurückgefahren. Auch der Magen-Darm-Trakt ist währenddessen schlechter durchblutet. Entsprechend ist die toxische Belastung durch das Medikament stärker. Die Folgen sind nicht nur Nierenschäden, sondern auch Geschwüre am Zwölffingerdarm. Es ist deshalb dringend davon abzuraten, während des Wettkampfes mit Schmerzmitteln nachzuhelfen, auch wenn sie rezeptfrei sind. Wenn Sie vor dem Wettkampf schon Schmerzen haben, sollten Sie nicht teilnehmen. Schmerzmittel während des Wettkampfes schädigen Sie nur. Denken Sie immer daran, dass Schmerzen ein Signal dafür sind, dass etwas schiefläuft. Versuchen Sie im Vorfeld, die Ursachen durch Ausgleichsport oder Physiotherapie zu beheben, dann verfallen Sie während des Wettkampfes nicht darauf, mit Schmerzmitteln Abhilfe zu schaffen. Auch wenn die Strecke lang ist – ein Marathon ist kein Martyrium, das nur durch Schmerzmittel auszuhalten ist.

Was laufende Frauen wissen sollten

Was heute als Selbstverständlichkeit betrachtet wird, nämlich dass Frauen an Marathons teilnehmen und mit formidablen Zeiten abschließen, war noch bis Mitte des 20. Jahrhunderts undenkbar. Erst 1928 wurden Frauenwettbewerbe in der Leichtathletik olympisch. Dafür hatte Alice Milliat durch die Ausrichtung der sogenannten Frauenweltspiele 1922 in Paris und 1926 in Göteborg den nötigen politischen Druck aufgebaut, sodass sich das Olympische Komitee gegen die generelle Aufnahme von Frauensportarten nicht mehr verwehren könnten.

Frauen konnten zwar nicht mehr generell aus der Leichtathletik ausgeschlossen werden, die Gegner des Frauensports nutzten aber die erste Gelegenheit, um die fehlende Eignung von Frauen für den Ausdauersport zu beweisen. 1928 gingen einige Frauen bei den Olympischen Spielen nach dem 800-m-Lauf erschöpft in die Knie, was dazu führte, dass medizinische Gutachter attestierten, dass Frauen psychisch und physisch nicht in der Lage seien, an Ausdauerwettbewerben teilzunehmen. Erst 1960, 32 Jahre später, wurden die 800 m für Frauen wieder olympisch – erst ab 1954 durften Strecken gelaufen werden, die über die 1.500 m hinausgingen. Der nächste große Entwicklungsschritt hin zur Gleichberechtigung wurde 1984 vollzogen. Bei den Olympischen Spielen in Los Angeles wurde der Marathon für Frauen eingeführt. Die strahlende Siegerin hieß Joan Benoit aus den USA.

Laufen in und nach der Schwangerschaft

Schwanger zu sein ist kein Grund, gleich ganz mit dem Sport aufzuhören. Ganz im Gegenteil – richtig dosiert, kann Sport in der Schwangerschaft einen positiven Effekt haben. In der Schwangerschaft verändert sich Ihr Körper. Sie nehmen an Gewicht zu, Ihre Sehnen, Bänder und Gelenke werden instabiler, d. h., das Risiko, sich den Fuß umzuknicken, nimmt deutlich zu. Sie haben einen erhöhten Sauerstoffbedarf und eine erschwerte Thermoregulation. Als wäre das nicht schon genug, verändert sich auch noch der Körperschwerpunkt, Ihr Blutdruckverhalten wird labiler. Ist es da nicht doch zu gefährlich, weiterhin Sport zu treiben? Kommt auf die Sportart und die Intensität an.

Trainingsalternativen

Versuchen Sie, im aeroben Pulsbereich, also unter 140 Schlägen, zu bleiben. Um die Gelenke zu schonen und Verletzungen zu vermeiden, sollten Sie mit fortschreitender Schwangerschaft auf Aqua-Jogging umsteigen. Dabei reduziert sich die Gelenkbelastung durch den Auftrieb enorm. Gleichzeitig können Sie ordentlich Kalorien verbrennen, durch die Wasserkühlung nicht überhitzen und die Ödembildung deutlich reduzieren (da der hydrostatische Druck im Wasser an den Füßen am höchsten ist). Davon abgesehen hilft Sport nicht nur, in Form zu bleiben, sondern auch, die psychischen Dysbalancen während einer Schwangerschaft besser kompensieren zu können.

Eines gilt es aber immer zu beachten: Sollten Sie Blutungen bekommen, Atemnot verspüren, Schmerzen im Bereich des Rückens oder in anderen Gelenken haben oder Übelkeit und/oder Schwindel bemerken, dann hören Sie sofort mit dem Sport auf und suchen Sie einen Arzt auf.

Trainieren nach der Entbindung

Wenn die Geburt unauffällig verlaufen ist, kann 4 bis 6 Wochen nach der Entbindung wieder mit leichtem Training begonnen werden. Wichtig ist bei diesem Wiederaufbautraining, dass der Sehnen-, Band- und Muskelapparat besonders im Blickfeld ist. Erst wenn die Sehnen und Bänder wieder stabil sind, kann mit einem intensiveren Lauftraining begonnen werden. Fragen Sie Ihren Arzt, wann Sie das Training wieder unbesorgt aufnehmen können.

Der Körper in der Menopause

Die Menopause bzw. Postmenopause macht ungefähr ein Drittel der Gesamtlebensspanne einer Frau aus und ist mit zahlreichen psychosozialen und physiologischen Veränderungen verbunden. Durch hormonelle Veränderungen, d. h. durch das Absinken des Östrogenspiegels ab dem ca. 50. Lebensjahr, leiden Frauen häufig z. B. unter Gewichtszunahme, Gelenk- oder Muskelschmerzen, Osteoporose, Beckenbodenschwäche, Hitzewallungen, Schwindel, Depressionen, Schlafstörungen. Die Symptome der Menopause lassen sich jedoch durch einen sportorientierten Lebensstil und adäquate Ernährung deutlich abschwächen.

TRAININGSTIPPS FÜR SCHWANGERE

- Trainieren Sie im aeroben Bereich (Puls unter 140).
- Achten Sie auf Sehnen, Bänder und Gelenke.
- Verlagern Sie Ihr Training auf Ausdauersportarten, die die Gelenke schonen wie z. B. Aqua-Jogging.
- Beginnen Sie frühestens 4 bis 6 Wochen nach der Entbindung wieder mit dem Sport.
- Hören Sie auf Ihren Körper und fragen Sie Ihren Arzt!

Osteoporose

Durch den sinkenden Östrogenspiegel reduziert sich die Knochendichte von älteren Frauen deutlich. Ein Drittel aller Frauen ist nach der Menopause von dieser schmerzhaften Erkrankung betroffen. Das Schicksal ist jedoch nicht unausweichlich. Machen Sie Krafttraining, gehen Sie laufen, stimulieren Sie Ihre Knochen.

Praktische Ergänzungen

Eine Marathonvorbereitung verlangt ein methodisches Vorgehen, um das gesteckte Ziel auch wirklich zu erreichen. Monotones Abspulen von Kilometer bringt keinen Leistungszuwachs und erhöht das Verletzungsrisiko. Die Trainingspläne in diesem Buch sind so aufgebaut, dass alle Aspekte des abwechslungsreichen und methodischen Trainings berücksichtigt werden. Die Pläne sind nach Typen ausgearbeitet, so dass auch für Sie der richtige Plan dabei ist. Neben diesen Plänen finden Sie Tipps für Wettkämpfe bei Kälte und Hitze sowie Ernährungshinweise für die Vorbereitungszeit und den Wettkampf.

Trainingspläne

Selbstverständlich stellen wir Ihnen im Zusammenhang mit unseren Trainingsplänen auch konkrete Wege für Ihr Marathonziel vor.

Als Leser dieses Buches sind Sie vielleicht ein junger, talentierter Athlet einer anderen Sportart und werden mit vergleichsweise geringem Trainingsaufwand eine tolle Zeit laufen. Oder Sie haben das regelmäßige Laufen nach eher passiven Jahren erst vor einigen Monaten begonnen. Auch Sie werden mit überschaubarem Umfang besser trainieren und das »Finish« des Marathons – ohne feste Zeitvorgabe – in den Mittelpunkt stellen. Dem gegenüber stehen die »alten Hasen«, die ihren ersten oder 20sten Marathon laufen und über viele Jahre Lauferfahrung verfügen. Für sie sind umfangreichere Trainings notwendig.

Einteilung der Typen

Unsere Trainingspläne sind nicht nach Zielzeit und den dafür notwendigen Umfang in Kilometern eingeteilt, sondern nach Läufertypus und persönlichen Voraussetzungen. Deshalb geben wir die Trainingsbelastung auch nach Stunden, statt nach Kilometern, an. Ein schnellerer Läufer wird in der gleichen Zeit mehr Kilometer laufen können. Ein langsamerer Athlet kann sich durch strikte Kilometervorgaben überlasten. Reine Kilometerangaben wären dashalb wenig sinnvoll.

Typ A
- Sie laufen das erste Mal Marathon und/oder trainierten bisher 1 bis 3 Laufeinheiten pro Woche, oder
- Sie möchten mit relativ geringem Aufwand Ihr großes Ziel erreichen, oder
- Sie haben bei hohen Umfängen Verletzungsprobleme und möchten trotzdem einmal Marathon laufen.
- Mit diesem Plan werden Sie eine Zeit zwischen 4 und 5 h anpeilen.

Typ B
- Sie laufen das erste Mal Marathon, sind aber schon ein trainierter Freizeitläufer. Den ein oder anderen Straßenlauf über 10/21,1 km haben Sie bereits absolviert. Jetzt wagen Sie sich an die klassische Marathondistanz, oder
- Sie haben Ihren ersten Marathon bereits hinter sich und möchten sich nun langsam an bessere Zeiten heranwagen, oder
- Sie möchten Ihr persönliches Potenzial mit überschaubarem Umfang ausloten.
- Mit diesem Plan werden Sie eine Zeit zwischen 3:20 und 4 h anpeilen.

Typ C
- Sie sind ein erfahrener und gut trainierter, ambitionierter Läufer. Egal, ob erster oder x-ter Marathon – Sie sind bisher auf vielen Laufveranstaltungen dabei gewesen und verfügen über mehrjährige Lauferfahrung auf nahezu allen Streckenlängen.

- Sie sind körperlich gut belastbar und verfügen über keinerlei Verletzungstendenzen.
- Mit diesem Plan werden Sie eine Zeit zwischen 2:50 und 3:20 h anpeilen.

Wie Sie mit unseren Plänen arbeiten

Zunächst finden Sie in den Plänen zahlreiche Abkürzungen. Diese Abkürzungen sind in der anschließenden Legende erläutert. Alle Trainings im Grundlagenausdauerbereich werden mittels der Herzfrequenz gesteuert. Für die Intervalltrainings finden Sie nach der Legende eine Tempotabelle.

Fragen aus der Praxis

Entfallene Trainingseinheiten

Organisatorisch sind oftmals Verschiebungen und kleine Anpassungen des Trainingsplans unvermeidbar. Damit Sie nicht in einen »Trainingsstau« kommen, sollten Sie sich an folgende Regeln halten:

a) Holen Sie keine Einheiten nach: Sehen Sie eine (gelegentlich) entfallene Trainingseinheit als willkommene körperliche und mentale Auszeit. Setzen Sie sich nicht unter zusätzlichen Stress, indem Sie am Folgetag doppelt soviel trainieren. Sollten Sie regelmäßig bestimmte Trainings nicht absolvieren können, vermindern Sie Ihr Pensum oder stellen den Trainingsplan um.

b) Bei Umstellungen im Trainingsplan sollten Sie den 3:1/2:1-Rhythmus beibehalten, d. h. 2 bzw. 3 Tage ansteigende Belastung und 1 Tag Entlastung. Die Trainingstage sollten so hintereinander angeordnet werden, dass Sie die intensiven (oder koordinativ anspruchsvollen) Einheiten zuerst und anschließend die längeren, weniger intensiven Einheiten trainieren. Grundsatz: Qualitätstage vor Quantitätstage.

Krankheitsbedingte Ausfälle erfordern mehr Fingerspitzengefühl. Infekte sollten generell vollständig auskuriert werden, bevor Sie an das Training gehen. Training mit Fieber ist absolut tabu. Die Gefahr einer Herzmuskelentzündung mit nachhaltigen Folgen ist zu groß. Wenn Sie wieder in das Training einsteigen, absolvieren Sie zunächst 3–4 Tage mit spielerischen und kurzen Trainings (maximal 70–85 % HF_{max}, ggf. alternatives Training, Dauer bis 50 % der vorher absolvierten »langen Trainings«). Anschließend können Sie sich an der Faustformel orientieren:

»Gehen Sie so viele Tage in Ihrem Trainingsplan zurück, wie Sie krank waren«

Die Gestaltung der Folgewochen in der Vorbereitung auf Ihren Marathon hängt natürlich von der Trainingsphase ab, in der Sie sich im Zyklus befinden. Aber überspringen Sie keine Phasen, sondern komprimieren Sie die Phasen und passen Sie die Sprünge der Umfänge von Woche zu Woche an (maximal 5–10 % Umfangsteigerung).

Trainingsplan für Typ A ohne Vorbereitungswettkämpfe

	Tag	Aufgaben		Tag	Aufgaben
1.	Mo Di Mi Do Fr Sa So	FLX DL1 45 min. L-ABC DL1 60 min. STB DL1 70 min.	6.	Mo Di Mi Do Fr Sa So	FLX INT 8–10 × 200 m/P 90 sek. DL2 45 min. aAT 90 min. STB DL2 90 min.
2.	Mo Di Mi Do Fr Sa So	 DL1 45 min. DYN aAT 60 min. STB DL1 80 min.	7.	Mo Di Mi Do Fr Sa So	FLX DL1 45 min. DYN FLX STB DL1 1:45 h
3.	Mo Di Mi Do Fr Sa So	FLX DL1 45 min. L-ABC DL1 60 min. STB DL2 80 min.	8.	Mo Di Mi Do Fr Sa So	FLX TWL 4 Wiederhlg. DL2 40 min. DL3 30 min. STB DL1 2 h
4.	Mo Di Mi Do Fr Sa So	 DL2 45 min. DYN aAT 60 min. STB DL1 90 min.	9.	Mo Di Mi Do Fr Sa So	FLX TWL 5 Wiederhlg. DL2 45 min. DL1 75 min. STB DL2 2 h
5.	Mo Di Mi Do Fr Sa So	FLX INT 8–10 × 200 m/P 90 sek. DL2 45 min. TL 30 min. STB DL2 90 min.	10.	Mo Di Mi Do Fr Sa So	FLX TWL 5 Wiederhlg. DL2 45 min. DL1 75 min. STB DL2 2 h

TRAININGSPLÄNE

	Tag	Aufgaben		Tag	Aufgaben
11.	Mo	FLX	16.	Mo	FLX
	Di	DL1 45 min.		Di	INT 4 × 2 km/ P 4 min.
	Mi	L-ABC		Mi	DL2 60 min.
	Do			Do	
	Fr	FLX		Fr	DL3 60 min.
	Sa	STB		Sa	STB
	So	DL1 2 h		So	DL1 3 h
12.	Mo	FLX	17.	Mo	FLX
	Di	INT 6 × 1 km/P 3 min.		Di	INT 6 × 2 km/P 4 min.
	Mi	DL2 60 min.		Mi	DL2 60 min.
	Do			Do	
	Fr	DL3 30 min.		Fr	TWL 5 Wiederhlg.
	Sa	STB		Sa	STB
	So	DL1 2:30 h		So	DL2 3 h progressives Finale
13.	Mo	FLX	18.	Mo	FLX
	Di	INT 8 × 1 km/P 3 min.		Di	INT 6 × 2 km/P 4 min.
	Mi	DL2 60 min.		Mi	DL2 60 min.
	Do			Do	
	Fr	DL1 90 min.		Fr	TL 45 min.
	Sa	STB		Sa	STB
	So	DL2 2:45 h progressives Finale		So	DL2 3 h progressives Finale
14.	Mo	FLX	19.	Mo	FLX
	Di	INT 8 × 1 km/P 3 min.		Di	
	Mi	DL2 60 min.		Mi	DL2 30 min.
	Do			Do	DL1 60 min.
	Fr	DL3 40 min.		Fr	
	Sa	STB		Sa	TL 60 min.
	So	DL2 2:45 h progressives Finale		So	STB
15.	Mo	FLX	20.	Mo	DL1 60 min.
	Di	DL1 45 min.		Di	TWL 3 Wiederhlg.
	Mi	DYN		Mi	FLX
	Do			Do	DL1 45 min. + 2–4 Steigerungsläufe
	Fr	FLX		Fr	
	Sa	STB		Sa	DL1 30 min. + 2 Steigerungsläufe
	So	DL1 2 h + 4–6 Steigerungen		So	WK-Marathon

Trainingsplan für Typ A mit Vorbereitungswettkämpfen

	Tag	Aufgaben		Tag	Aufgaben
1.	Mo Di Mi Do Fr Sa So	FLX DL1 45 min. L-ABC DL1 60 min. STB DL1 70 min.	6.	Mo Di Mi Do Fr Sa So	FLX INT 8–10 × 200 m/P 90 sek. DL2 45 min. aAT 90 min. STB WK-10 km-Wettkampf
2.	Mo Di Mi Do Fr Sa So	 DL1 45 min. DYN aAT 60 min. STB DL1 70 min.	7.	Mo Di Mi Do Fr Sa So	FLX DYN FLX STB DL1 1:45 h
3.	Mo Di Mi Do Fr Sa So	FLX DL1 45 min. L-ABC DL1 60 min. STB DL2 80 min.	8.	Mo Di Mi Do Fr Sa So	FLX TWL 4 Wiederhlg. DL2 40 min. DL3 30 min. STB DL2 2 h
4.	Mo Di Mi Do Fr Sa So	 DL2 45 min. DYN aAT 60 min. STB DL1 90 min.	9.	Mo Di Mi Do Fr Sa So	FLX TWL 5 Wiederhlg. DL2 45 min. DL1 75 min. STB DL2 2 h
5.	Mo Di Mi Do Fr Sa So	FLX INT 8–10 × 200 m/P 90 sek. DL2 45 min. TL 30 min. STB DL2 90 min.	10.	Mo Di Mi Do Fr Sa So	FLX TWL 5 Wiederhlg. DL2 45 min. DL1 60 min. STB WK-10 km-Wettkampf

	Tag	Aufgaben		Tag	Aufgaben
11.	Mo	FLX	16.	Mo	FLX
	Di			Di	INT 4 × 2 km/P 4 min.
	Mi	L-ABC		Mi	DL2 75 min.
	Do			Do	
	Fr	FLX		Fr	DL3 60 min.
	Sa	STB		Sa	STB
	So	DL1 2 h		So	DL1 3 h
12.	Mo	FLX	17.	Mo	FLX
	Di	INT 6 × 1 km/P 3 min.		Di	INT 5 × 2 km/P 4 min.
	Mi	DL2 60 min.		Mi	DL2 60 min.
	Do			Do	
	Fr	DL3 30 min.		Fr	DL1 60 min.
	Sa	STB		Sa	STB
	So	DL1 2:30 h		So	WK-Halbmarathon
13.	Mo	FLX	18.	Mo	FLX
	Di	INT 8 × 1 km/P 3 min.		Di	
	Mi	DL2 60 min.		Mi	DL1 60 min.
	Do			Do	
	Fr	DL1 90 min. + 4 Steigerungen		Fr	TL 45 min.
	Sa	STB		Sa	STB
	So	DL2 2:45 h progressives Finale		So	DL2 3 h progressives Finale
14.	Mo	FLX	19.	Mo	FLX
	Di	INT 8 × 1 km/P 3 min.		Di	
	Mi	DL2 60 min.		Mi	DL2 30 min.
	Do			Do	DL1 60 min.
	Fr	DL3 40 min.		Fr	
	Sa	STB		Sa	TL 30 min.
	So	DL2 2:45 h progressives Finale		So	STB
15.	Mo	FLX	20.	Mo	DL1 60 min.
	Di	DL1 45 min. + 4–6 Steigerungen		Di	TWL 3 Wiederhlg.
	Mi	DYN		Mi	FLX
	Do			Do	DL1 45 min. + 2–4 Steigerungsläufe
	Fr	FLX		Fr	
	Sa	STB		Sa	DL1 30 min. + 2 Steigerungsläufe
	So	DL1 2 h + 4–6 Steigerungen		So	WK-Marathon

Trainingsplan für Typ B ohne Vorbereitungswettkämpfe

	Tag	Aufgaben		Tag	Aufgaben
1.	Mo Di Mi Do Fr Sa So	FLX DL1 45 min. L-ABC DL1 60 min. aAT 60 min.　　　　STB DL1 70 min.	6.	Mo Di Mi Do Fr Sa So	FLX INT 10–12 × 200 m/P 90 sek. DL2 45 min. aAT 90 min. TWL 4 Wiederhlg.　　　STB DL2 90 min.
2.	Mo Di Mi Do Fr Sa So	 DL1 45 min. DYN aAT 60 min. TWL 3 Wiederhlg.　　STB DL1 80 min.	7.	Mo Di Mi Do Fr Sa So	FLX DL1 60 min. DYN FLX aAT 90 min.　　　　STB DL1 1:45 h
3.	Mo Di Mi Do Fr Sa So	FLX DL1 60 min. L-ABC DL1 60 min. aAT 60 min.　　　　STB DL2 80 min.	8.	Mo Di Mi Do Fr Sa So	FLX TWL 4 Wiederhlg. DL2 40 min. DL3 30 min. DL1 60 min.　　　　STB DL2 2 h
4.	Mo Di Mi Do Fr Sa So	 DL2 45 min. DYN aAT 60 min. TWL 3 Wiederhlg.　　STB DL1 90 min.	9.	Mo Di Mi Do Fr Sa So	FLX TWL 5 Wiederhlg. DL2 60 min. DL3 35 min. DL1 60 min.　　　　STB DL1 2.15 h
5.	Mo Di Mi Do Fr Sa So	FLX INT 10–2 × 200 m/P 90 sek. DL2 45 min. TL 30 min. aAT 90 min.　　　　STB DL2 90 min.	10.	Mo Di Mi Do Fr Sa So	FLX TWL 5 Wiederhlg. DL2 60 min. DL3 40 min. DL1 70 min.　　　　STB DL2 2:15 h

TRAININGSPLÄNE

	Tag	Aufgaben		Tag	Aufgaben
11.	Mo	FLX	16.	Mo	FLX
	Di	DL1 45 min.		Di	INT 5 × 2 km/P 4 min.
	Mi	L-ABC		Mi	DL2 75 min.
	Do			Do	
	Fr	aAt 90 min. FLX		Fr	TL 30 min.
	Sa	STB		Sa	DL1 90 min. STB
	So	DL1 2 h		So	DL1 3 h
12.	Mo	FLX	17.	Mo	FLX
	Di	INT 6 × 1 km/P 3 min.		Di	INT 6 × 2 km/P 4 min.
	Mi	DL2 70 min.		Mi	DL2 75 min.
	Do			Do	
	Fr	DL3 35 min.		Fr	TWL 5 Wiederhlg.
	Sa	DL1 75 min. STB		Sa	DL2 90 min. STB
	So	DL1 2:30 h		So	DL2 3 h progressives Finale
13.	Mo	FLX	18.	Mo	FLX
	Di	INT 8 × 1 km/P 3 min.		Di	INT 6 × 2 km/P 4 min.
	Mi	DL2 75 min.		Mi	DL2 75 min.
	Do			Do	
	Fr	TL 30 min.		Fr	TL 40 min.
	Sa	DL1 80 min. STB		Sa	DL2 90 min. STB
	So	DL2 2:45 h progressives Finale		So	DL2 3 h progressives Finale
14.	Mo	FLX	19.	Mo	FLX
	Di	INT 10 × 1 km/P 3 min.		Di	
	Mi	DL2 75 min.		Mi	DL2 45 min.
	Do			Do	DL1 75 min.
	Fr	DL3 40 min.		Fr	
	Sa	DL1 80 min. STB		Sa	TWL 4 Wiederhlg.
	So	DL2 2:45 h progressives Finale		So	STB
15.	Mo	FLX	20.	Mo	DL1 60 min.
	Di	DL1 45 min. + 4–6 Steigerungen		Di	TWL 3 Wiederhlg.
	Mi	DYN		Mi	FLX
	Do			Do	DL1 45 min., + 2–4 Steigerungsläufe
	Fr	aAT 90 min. FLX		Fr	
	Sa	STB		Sa	DL1 30 min. + 2 Steigerungsläufe
	So	DL1 2 h		So	WK-Marathon

PRAKTISCHE ERGÄNZUNGEN

Trainingsplan für Typ B mit Vorbereitungswettkämpfen

	Tag	Aufgaben			Tag	Aufgaben	
1.	Mo	FLX		6.	Mo	FLX	
	Di	DL1 45 min.			Di	INT 10–12 × 200 m/P 90 sek.	
	Mi	L-ABC			Mi	DL2 45 min.	
	Do				Do		
	Fr	DL1 60 min.			Fr	aAT 90 min.	
	Sa	aAT 60 min.	STB		Sa	TWL 4 Wiederhlg.	STB
	So	DL1 70 min.			So	WK-10 km-Wettkampf	
2.	Mo			7.	Mo	FLX	
	Di	DL1 45 min.			Di	DL1 60 min.	
	Mi	DYN			Mi	DYN	
	Do				Do		
	Fr	aAT 60 min.			Fr	FLX	
	Sa	TWL 3 Wiederhlg.	STB		Sa	aAT 90 min.	STB
	So	DL1 80 min.			So	DL1 1:45 h	
3.	Mo	FLX		8.	Mo	FLX	
	Di	DL1 60 min.			Di	TWL 4 Wiederhlg.	
	Mi	L-ABC			Mi	DL2 40 min.	
	Do				Do		
	Fr	DL1 60 min.			Fr	DL3 30 min.	
	Sa	aAT 60 min.	STB		Sa	DL1 60 min.	STB
	So	DL2 80 min.			So	DL2 2 h	
4.	Mo			9.	Mo	FLX	
	Di	DL2 45 min.			Di	TWL 5 Wiederhlg.	
	Mi	DYN			Mi	DL2 60 min.	
	Do				Do		
	Fr	aAT 60 min.			Fr	DL3 35 min.	
	Sa	TWL 3 Wiederhlg.	STB		Sa	DL1 60 min.	STB
	So	DL1 90 min.			So	DL1 2.15 h	
5.	Mo	FLX		10.	Mo	FLX	
	Di	INT 10–2 × 200 m/P 90 sek.			Di	TWL 5 Wiederhlg.	
	Mi	DL2 45 min.			Mi	DL2 60 min.	
	Do				Do		
	Fr	TL 30 min.			Fr	DL3 40 min.	
	Sa	aAT 90 min.	STB		Sa	aAT 60 min.	STB
	So	DL2 90 min.			So	WK-10 km-Wettkampf	

TRAININGSPLÄNE

	Tag	Aufgaben		Tag	Aufgaben
11.	Mo	FLX	16.	Mo	FLX
	Di	DL1 45 min.		Di	INT 5 × 2 km/P 4 min.
	Mi	L-ABC		Mi	DL2 75 min.
	Do			Do	
	Fr	aAt 90 min. FLX		Fr	TL 30 min.
	Sa	STB		Sa	DL1 90 min. STB
	So	DL1 2 h		So	DL1 3 h
12.	Mo	FLX	17.	Mo	FLX
	Di	INT 6 × 1 km/P 3 min.		Di	INT 6 × 2 km/P 4 min.
	Mi	DL2 70 min.		Mi	DL2 75 min.
	Do			Do	
	Fr	DL3 35 min.		Fr	TWL 5 Wiederhlg.
	Sa	DL1 75 min. STB		Sa	DL1 30 min. + 2 Steigerungsläufe
	So	DL1 2:30 h		So	WK-Halbmarathon
13.	Mo	FLX	18.	Mo	FLX
	Di	INT 8 × 1 km/P 3 min.		Di	
	Mi	DL2 75 min.		Mi	DL2 75 min.
	Do			Do	TL 40 min.
	Fr	TL 30 min.		Fr	
	Sa	DL1 80 min. STB		Sa	INT 6 × 2 km/P 4 min. STB
	So	DL2 2:45 h progressives Finale		So	DL2 3 h progressives Finale
14.	Mo	FLX	19.	Mo	FLX
	Di	INT 10 × 1 km/P 3 min.		Di	
	Mi	DL2 75 min.		Mi	DL2 45 min.
	Do			Do	DL1 75 min.
	Fr	DL3 40 min.		Fr	
	Sa	DL1 80 min. STB		Sa	TWL 4 Wiederhlg.
	So	DL2 2:45 h progressives Finale		So	STB
15.	Mo	FLX	20.	Mo	DL1 60 min.
	Di	DL1 45 min. + 4–6 Steigerungen		Di	TWL 3 Wiederhlg.
	Mi	DYN		Mi	FLX
	Do			Do	DL1 45 min., + 2–4 Steigerungsläufe
	Fr	aAT 90 min. FLX		Fr	
	Sa	STB		Sa	DL1 30 min. + 2 Steigerungsläufe
	So	DL1 2 h		So	WK-Marathon

PRAKTISCHE ERGÄNZUNGEN

Trainingsplan für Typ C ohne Vorbereitungswettkämpfe

	Tag	Aufgaben		Tag	Aufgaben
1.	Mo Di Mi Do Fr Sa So	FLX DL1 45 min. L-ABC DL1 60 min. aAT 60 min. STB DL1 75 min.	6.	Mo Di Mi Do Fr Sa So	FLX INT 12–14 × 200 m/P 90 sek. DL2 45 min. aAT 90 min. TWL 4 Wiederhlg. STB DL2 1:40 h
2.	Mo Di Mi Do Fr Sa So	 DL1 45 min. DYN aAT 60 min. TWL 3 Wiederhlg. STB DL1 90 min.	7.	Mo Di Mi Do Fr Sa So	FLX DL1 60 min. DYN FLX aAT 90 min. STB DL2 2 h
3.	Mo Di Mi Do Fr Sa So	FLX DL1 60 min. L-ABC DL1 60 min. aAT 80 min. STB DL2 90 min.	8.	Mo Di Mi Do Fr Sa So	FLX TWL 4 Wiederhlg. DL2 45 min. DL3 30 min. DL1 60 min. STB DL2 2:15 h
4.	Mo Di Mi Do Fr Sa So	FLX DL2 45 min. DYN aAT 90 min. TWL 3 Wiederhlg. STB DL2 90 min.	9.	Mo Di Mi Do Fr Sa So	FLX TWL 5 Wiederhlg. DL2 60 min. FLX DL3 35 min. DL1 75 min. STB DL2 2:15 h
5.	Mo Di Mi Do Fr Sa So	FLX INT 12–14 × 200m/P 90 sek. DL2 45 min. TL 30 min. aAT 90 min. STB DL1 1:40 h	10.	Mo Di Mi Do Fr Sa So	FLX TWL 5 Wiederhlg. DL2 60 min. DL3 40 min. DL1 70 min. STB DL1 2.30 h

TRAININGSPLÄNE

	Tag	Aufgaben		Tag	Aufgaben
11.	Mo	FLX	16.	Mo	FLX
	Di	DL1 45 min.		Di	INT 6 × 2 km/P 4 min.
	Mi	L-ABC		Mi	DL2 80 min.
	Do			Do	FLX
	Fr	aAt 90 min. FLX		Fr	TL 30 min.
	Sa	STB		Sa	DL1 90 min. STB
	So	DL1 2 h		So	DL1 3 h
12.	Mo	FLX	17.	Mo	FLX
	Di	INT 8 × 1 km/P 3 min.		Di	INT 7 × 2 km/P 4 min.
	Mi	DL2 70 min.		Mi	DL2 80 min.
	Do	FLX		Do	
	Fr	DL3 45 min.		Fr	TWL 5–6 Wiederhlg.
	Sa	DL1 80 min. STB		Sa	DL2 90 min. STB
	So	DL1 2:45 h		So	DL2 3 h progressives Finale
13.	Mo	FLX	18.	Mo	FLX
	Di	INT 10 × 1 km/P 3 min.		Di	INT 8 × 2 km/P 4 min.
	Mi	DL2 75 min.		Mi	DL2 80 min.
	Do	FLX		Do	
	Fr	TL 40 min.		Fr	TL 45 min.
	Sa	DL1 90 min. STB		Sa	DL2 90 min. STB
	So	DL2 2:45 h progressives Finale		So	DL2 3 h progressives Finale
14.	Mo	FLX	19.	Mo	FLX
	Di	INT 12 × 1 km/P 3 min.		Di	
	Mi	DL2 75 min.		Mi	DL2 45 min.
	Do	FLX		Do	DL1 75 min.
	Fr	DL3 45 min.		Fr	
	Sa	DL1 90 min. STB		Sa	TWL 4 Wiederhlg.
	So	DL2 3 h		So	STB
15.	Mo	FLX	20.	Mo	DL1 60 min.
	Di	DL1 45 min. + 4–6 Steigerungen		Di	TWL 3 Wiederhlg.
	Mi	DYN		Mi	FLX
	Do			Do	DL1 45 min., + 2–4 Steigerungsläufe
	Fr	aAT 90 min. FLX		Fr	
	Sa	STB		Sa	DL1 30 min. + 2 Steigerungsläufe
	So	DL1 2 h		So	WK-Marathon

Trainingsplan für Typ C mit Vorbereitungswettkämpfen

	Tag	Aufgaben		Tag	Aufgaben
1.	Mo Di Mi Do Fr Sa So	FLX DL1 45 min. L-ABC DL1 60 min. aAT 60 min. STB DL1 75 min.	6.	Mo Di Mi Do Fr Sa So	FLX INT 12–14 × 200 m/P 90 sek. DL2 45 min. aAT 90 min. TWL 2 Wiederhlg. STB WK-10 km-Wettkampf
2.	Mo Di Mi Do Fr Sa So	FLX DL1 45 min. DYN aAT 60 min. TWL 3 Wiederhlg. STB DL1 90 min.	7.	Mo Di Mi Do Fr Sa So	FLX DYN FLX aAT 90 min. STB DL2 2 h
3.	Mo Di Mi Do Fr Sa So	FLX DL1 60 min. L-ABC DL1 60 min. aAT 60 min. STB DL2 90 min.	8.	Mo Di Mi Do Fr Sa So	FLX TWL 4 Wiederhlg. DL2 45 min. DL3 30 min. DL1 60 min. STB DL2 2:15 h
4.	Mo Di Mi Do Fr Sa So	FLX DL2 45 min. DYN aAT 90 min. TWL 3 Wiederhlg. STB DL2 90 min.	9.	Mo Di Mi Do Fr Sa So	FLX TWL 5 Wiederhlg. DL2 60 min. FLX DL3 35 min. DL1 60 min. STB DL2 2:15 h
5.	Mo Di Mi Do Fr Sa So	FLX INT 12–14 × 200 m/P 90 sek. DL2 45 min. TL 30 min. aAT 90 min. STB DL1 1:40 h	10.	Mo Di Mi Do Fr Sa So	FLX TWL 5 Wiederhlg. DL2 60 min. DL3 40 min. aAT 60 min. STB WK-10 km-Wettkampf

TRAININGSPLÄNE

	Tag	Aufgaben		Tag	Aufgaben
11.	Mo Di Mi Do Fr Sa So	FLX DL1 30 min. L-ABC aAt 90 min. FLX STB DL1 2 h	16.	Mo Di Mi Do Fr Sa So	FLX INT 5 × 2 km/P 4 min. DL2 75 min. TL 30 min. DL1 90 min. STB DL1 3 h
12.	Mo Di Mi Do Fr Sa So	FLX INT 6 × 1 km/P 3 min. DL2 70 min. DL3 35 min. DL1 75 min. STB DL1 2:30 h	17.	Mo Di Mi Do Fr Sa So	FLX INT 7 × 2 km/P 4 min. DL2 80 min. STB DL1 30 min. + 2 Steigerungsläufe **WK-Halbmarathon**
13.	Mo Di Mi Do Fr Sa So	FLX INT 8 × 1 km/P 3 min. DL2 75 min. TL 30 min. DL1 80 min. STB DL2 2:45 h progressives Finale	18.	Mo Di Mi Do Fr Sa So	FLX DL2 80 min. TL 40 min. STB INT 8 × 2 km/P 4 min. DL2 3 h progressives Finale
14.	Mo Di Mi Do Fr Sa So	FLX INT 10 × 1 km/P 3 min. DL2 75 min. DL3 40 min. DL1 80 min. STB DL2 2:45 h progressives Finale	19.	Mo Di Mi Do Fr Sa So	FLX DL2 45 min. DL1 75 min. TWL 4 Wiederhlg. STB
15.	Mo Di Mi Do Fr Sa So	FLX DL1 45 min. + 4–6 Steigerungen DYN aAT 90 min. FLX STB DL1 2 h	20.	Mo Di Mi Do Fr Sa So	DL1 60 min. TWL 3 Wiederhlg. FLX DL1 45 min., + 2–4 Steigerungsläufe DL1 30 min. + 2 Steigerungsläufe **WK-Marathon**

PRAKTISCHE ERGÄNZUNGEN

Legende für die Trainingspläne

Abkürzung	Inhalt
MVP Movement Preparation:	■ Übungen aus dem Übungskatalog »Movement Preparation«
STB Stabilität:	■ 5–8 min. lockerer DL1 ■ 6–10 Übungen aus dem Übungskatalog »Stabilität« – je Übung 2–3 Durchgänge
FLX Flexibilität:	■ 5–8 min. lockerer DL1 ■ 8–12 Übungen aus dem Übungskatalog »Flexibilität«
DYN Dynamik:	■ 5 Übungen MVP ■ 10 min. lockerer DL1 + 5 min. mittlerer DL2 ■ 5 Übungen aus dem Programm »Lauf-ABC« ■ 5–8 Übungen aus dem Übungsprogramm »Dynamik« ■ 2–4 × 200 m im schnellen Dauerlauf – dazwischen 90 sek. traben ■ 10 min. lockerer DL1 ■ 2–4 Steigerungsläufe à 50 m ■ 6–8 Übungen aus dem Übungskatalog »Flexibilität«
L-ABC Lauf-ABC:	■ 10 min. lockerer DL1 + 5 min. mittlerer DL2 ■ 5 Übungen aus dem Übungsprogramm »Stabilität« ■ 10 Übungen aus dem Programm »Lauf-ABC« für jeweils 30–50 m ■ 2–4 × 200 m lt. Tempotabelle ■ 6–8 Übungen aus dem Übungskatalog »Flexibilität«
DL1 Lockerer Dauerlauf:	■ 5 Übungen aus dem Übungskatalog »Movement Preparation« ■ So lange wie im Trainingsplan angegeben bei 70–75 % der HF_{max} laufen ■ 6–8 Übungen aus dem Übungskatalog »Flexibilität«
DL2 Mittlerer Dauerlauf:	■ 5 Übungen aus dem Übungskatalog »Movement Preparation« ■ So lange wie im Trainingsplan angegeben bei 75–83 % der HF_{max} laufen ■ 5 min. lockerer DL1 ■ 2–4 Steigerungsläufe à 50 m ■ 6–8 Übungen aus dem Übungskatalog »Flexibilität«
DL3 Zügiger Dauerlauf:	■ 5 Übungen aus dem Übungskatalog »Movement Preparation« ■ 10 min. lockerer DL1 + 5 min. mittlerer DL2 ■ 5 Übungen aus dem Programm »Lauf-ABC« ■ So lange wie im Trainingsplan angegeben bei 83–88% der HF_{max} laufen ■ 10 min. lockerer DL1 ■ 2–4 Steigerungsläufe à 50 m ■ 6–8 Übungen aus dem Übungskatalog »Flexibilität«

Abkürzung	Inhalt
TL Tempodauerlauf:	■ 5 Übungen aus dem Übungskatalog »Movement Preparation« ■ 10 min. lockerer DL1 + 5 min. mittlerer DL2 ■ 5 Übungen aus dem Übungsprogramm »Stabilität« ■ So lange wie im Trainingsplan angegeben bei 88–92 % der HF_{max} laufen ■ 10 min. lockerer DL1 ■ 2–4 Steigerungsläufe à 50 m ■ 6–8 Übungen aus dem Übungskatalog »Flexibilität«
TWL Tempowechsellauf:	■ 5 Übungen aus dem Übungskatalog »Movement Preparation« ■ 10 min. lockerer DL1 + 5 min. mittlerer DL2 ■ 2–4 Steigerungsläufe à 100 m ■ So oft wie im Trainingsplan angegeben im Wechsel laufen: (wenn möglich, hügelig) ■ 5 min. im TL ■ 5 min. im DL1 ■ 10 min. lockerer DL1 ■ 2–4 Steigerungsläufe à 50 m ■ 6–8 Übungen aus dem Übungskatalog »Flexibilität«
INT Intervalltraining:	■ 5 Übungen aus dem Übungskatalog »Movement Preparation« ■ 10 min. lockerer DL1 + 5 min. mittlerer DL2 ■ 5 Übungen aus dem Übungsprogramm »Stabilität« ■ 5 Übungen aus dem Programm »Lauf-ABC« ■ 2–4 Steigerungsläufe à 100 m ■ So oft wie im Trainingsplan angegeben die vorgegebene Strecke laufen ■ Tempo lt. Tempotabelle ■ Pause »P«: dazwischen so lange wie angegeben locker traben ■ 10 min. lockerer DL1, wenn möglich, barfuß auf einer Wiese ■ 2–4 Steigerungsläufe à 50 m ■ 6–8 Übungen aus dem Übungskatalog »Flexibilität«
aAT Alternatives Ausdauertraining:	■ 5 Übungen aus dem Übungskatalog »Movement Preparation« ■ Alternative Ausdauertrainingsdisziplin im Bereich 70–90 % HF_{max} ■ 6–8 Übungen aus dem Übungskatalog »Flexibilität«
Weitere Erläuterungen: **Steigerungslauf**	■ = die vorgegebene Strecke wie folgt absolvieren: ■ 1. Drittel locker ■ 2. Drittel zügig ■ 3. Drittel schneller Dauerlauf – kein Sprint ■ ohne Herzfrequenzkontrolle
Progressives Finale	■ Die letzten 20 % des langen Laufes das Tempo beschleunigen bis 88–92 % HF_{max} ■ Anschließend locker austraben

Tempotabelle für Intervalltrainings

Marathonzielzeit	02:40:00	03:00:00	03:15:00	03:30:00	03:45:00	04:00:00	04:15:00	04:30:00	04:45:00	05:00:00
Marathonschnitt/km	03:48	04:16	04:37	04:59	05:20	05:41	06:03	06:24	06:45	07:07
Trainingsvorgaben										
200-m-Intervalle in sek.	00:35	00:39	00:42	00:46	00:49	00:52	00:55	00:59	01:02	01:05
1-km-Intervalle	03:20	03:48	04:10	04:30	04:52	05:13	05:35	05:55	06:17	06:40
2-km-Intervalle/km	03:22	03:50	04:12	04:35	04:56	05:15	05:37	05:58	06:20	06:42
3-km-Intervalle/km	03:30	03:58	04:20	04:42	05:02	05:23	05:45	06:07	06:27	06:50

Trainingsvorgaben sind Richtzeiten

Als Anhaltspunkt für die Marathonzielzeit können dienen:
10-km-Bestzeit × 4,65

Training auf dem Laufband

In der dunklen Jahreszeit oder bei unwirtlichem Wetter stellen Sie sich sicher oft die Frage, ob das Training auf einem Laufband Sinn machen würde.

Generell ist ein Laufbandtraining eine theoretisch gute Gelegenheit, bei unangenehmen Witterungsverhältnissen und zeitlich unabhängig zu trainieren. Dennoch stehen dem Laufband – aus praktischer Sicht – einige Argumente entgegen:

- Sie trainieren auf recht eintönigem Untergrund, d.h. Sie bieten Ihren Füßen wenig Abwechslung – aus dieser motorischen Eintönigkeit können muskuläre Überlastungen entstehen
- Das Tempo ist fremdbestimmt, Sie entwickeln kein eigenes Tempoempfinden
- Sie trainieren in geschlossenen Räumen, das Training bei teils verbrauchter und trockener Luft ist nicht nur unangenehm, sondern kann auch zu Infektanfälligkeit führen (Studiobetrieb mit vielen gleichzeitig Trainierenden)
- Laufbandtraining ist schon nach kurzer Zeit sehr langweilig und führt zu Motivationslöchern oder Persönlichkeitsveränderungen ☺
- Durch die Umkehr von puctum-mobile und -fixum haben Sie keine sensorisch positive Rückmeldung zu Ihrem Lauftempo

Ich schlage Ihnen deshalb vor, wenn möglich, ganzjährig im Freien zu trainieren.

- Ihr Immunsystem passt sich auch den unterschiedlichen Jahreszeiten und Witterungsverhältnissen an.
- Sie trainieren abwechslungsreicher auch auf aufgeweichtem, bedecktem Boden – passen Sie Ihr Training dem Wetter an.

- Wenn Sie nicht alleine laufen möchten, dann schließen Sie sich einer Laufgruppe an.

Bei allen Argumenten ist ein Laufbandtraining natürlich ab und an eine probate Trainingsalternative. Gerade für Frauen, die verständlicher Weise nicht alleine im Dunkeln laufen möchten. Aber auch auf Reisen in fremden Städten kann man im Hotel oftmals ein Laufband nutzen. Laufbandtraining bietet sich auch als Warm-up-tool im Studio an.

Wenn es denn der Fall ist, dann gestalten Sie Ihr Training auf dem Band möglichst abwechslungsreich. Stellen Sie sich verschiedene Tempi und auch Profile ein. Dann leidet auch die Motivation nicht zu sehr. Sind Sie öfters gezwungen, indoor zu trainieren, dann versuchen Sie das Training auf verschiedenen Geräten zu kombinieren – z. B. je 10 min. Laufband, Radergometer, Stepper, Rudergerät – so ist das Training motivierender.

Welche Tageszeit ist für das Training am günstigsten?

Wenn es um die Frage nach der optimalen Trainingszeit geht, gibt es keine pauschale Antwort. Allein schon die Unterscheidung zwischen Frühaufstehern und Langschläfern lässt kein Patentrezept zu. Oft steht auch der Alltag einer freien Wahl der Trainingszeiten im Weg. Dennoch gibt es einige Orientierungshilfen:

Biorhythmus
Zwar gibt es hinsichtlich der biologischen Hochs und Tiefs während des Tages auch individuelle Unterschiede – so sollte man zumindest wissen, dass viele von uns vormittags um ca. 10 Uhr und noch einmal nachmittags gegen 17 Uhr ein Vitalitätshoch haben. Besonders qualitative Trainings wären zu dieser Zeit günstig.
Beachten Sie, dass Ihre Muskulatur besonders früh morgens weniger elastisch ist als im Laufe des Tages. Viele fühlen sich sofort nach dem Aufstehen verständlicher Weise verkrampft und unbeweglich. Eine morgendliche Dusche mit anfangs warmem, dann kaltem Wasser vitalisiert. Dennoch: Wer morgens trainiert, sollte besonders bei intensiven Trainings auf ein gutes Warm-up achten. Besser: **Morgens die lockeren** Einheiten trainieren. Die **intensiveren Einheiten auf nachmittags/abends** legen.

Vermeiden Sie extreme Trainingszeiten für einen langfristigen, seriösen Trainingsaufbau. Zwar lassen sich Trainings sehr früh morgens oder abends zwischenzeitlich auch einmal organisieren, sind aber dauerhaft weder für die Motivation, noch für den Trainingseffekt sinnvoll.

Laufen bei jeder Temperatur

Wer wirklich das ganze Jahr laufen will, dem ist nicht geraten, sich in seiner Vorbereitung einzig auf die Bekleidung zu beschränken. Es gibt weitere Faktoren zu beachten, die darüber hinausgehen. Welchen Einfluss haben die äußeren Bedingungen auf Gesundheit, Laufstil und Laufspaß? All diese Fragen rund um das Thema »Laufen bei jeder Temperatur« wollen wir im Folgenden beantworten.

Laufen bei Hitze

Der Körper funktioniert bei Temperaturen über 25 Grad deutlich anders als bei kühlen 10 Grad. Ihre Systeme laufen sozusagen heiß. Die Körpertemperatur nimmt zu und muss durch vermehrtes Schwitzen gesenkt werden, die Herzfrequenz steigt. Ihr Herz muss auch deshalb mehr arbeiten, weil das Blutvolumen sinkt und das Blut sozusagen dicker wird. Das Herz hat weniger Blut zur Verfügung und muss mehr arbeiten.

Wissenschaftler von der University of Connecticut haben errechnet, dass die Leistungsfähigkeit pro 5 Grad gestiegener Außentemperatur um 3 % nachlässt. Bei einem Wettkampf hat dies entsprechende Auswirkungen auf die zu erwartende Zielzeit. Aus physiologischen Gesichtspunkten heraus liegt die optimale Wettkampftemperatur bei 10 Grad – alles, was höher ist, lässt die Leistungsfähigkeit sinken. Was das für Ihre Zielzeit bedeutet, finden Sie in der Tabelle.

Mit der Zeit passt sich der Körper an höhere Temperaturen an, d.h., die Schweißproduktion beginnt früher und der Schweiß wird ärmer an Elektrolyten. Je nach Typ hat sich der Körper nach ungefähr zehn Tagen an die neue Situation angepasst und kann bis zu 90 % seiner gewohnten Leistungsfähigkeit abrufen. Wenn Sie also einen Marathon in deutlich wärmeren Regionen planen, sollten sie entweder entsprechend frühzeitig anreisen oder bei Ihren Durchgangszeiten den Leistungsverlust einplanen, damit sie nicht schon am Anfang völlig überpacen.

Hitzeregeln für das Training

- Reduzieren Sie Ihr Training in Umfang und Frequenz um 30 bis 50 %. Verzichten Sie auf harte Trainingseinheiten wie Tempoläufe.

Umrechnung der Temperatur auf die Zielzeit beim Marathon

10 Grad	3:00:00	4:00:00	5:00:00
15 Grad	3:05:24	4:07:12	5:09:00
20 Grad	3:10:48	4:14:28	5:18:00
25 Grad	3:16:12	4:21:36	5:27:00
30 Grad	3:21:36	4:28:48	5:36:00

Quelle: Runnersworld 6/2010; University of Connecticut

Physiologische Veränderungen bei einem Temperaturunterschied von 20 Grad

	Bei 12 Grad	Bei 32 Grad
Herzfrequenz [min^{-1}]	158	172
Körpertemperatur [°C]	38,8	39,7
Laktat [mmol/l]	0,978	4,04
Schweißverlust [ml]	790	1610
Dehydration [%]	1,3	2,6
Plasmavolumen [%]	−0,2	−10,9

Quelle: Runnersworld. 6/2010

- Suchen Sie sich möglichst schattige Trainingsstrecken.
- Laufen Sie morgens – tagsüber heizt sich die Luft ordentlich auf, sodass Sie erst ab 21 Uhr wieder angenehme Trainingstemperaturen haben.
- Wenn Sie vor dem Lauf kalt duschen, dauert es länger, bis der Körper überhitzt.
- Tragen Sie leichte Laufbekleidung. Bei großer Hitze kann es sogar sinnvoll sein, in einem vorher nass gemachten Baumwoll-T-Shirt zu laufen. Bei Funktionskleidung besteht die Gefahr, dass der Schweiß am Körper sofort über die Funktionsfaser abtransportiert wird. Der Schweiß kann Sie so nicht mehr kühlen. Neuerdings werden in Sommerlauf-Shirts Fasern eingearbeitet, die den Baumwolleffekt simulieren sollen.
- Bei direkter Sonneneinstrahlung mit Kopfbedeckung laufen – ansonsten ist die Luftzirkulation ohne Tuch oder Mütze besser.
- Die Ozonwerte sind abends höher als morgens. Wer Asthma hat, sollte dies im Besonderen berücksichtigen.
- Brechen Sie Ihr Training sofort ab, wenn Sie Schwindel, Magenprobleme, Frieren oder starke Kopfschmerzen verspüren.
- Nutzen Sie Sonnencreme, wenn Sie sich draußen aufhalten. Sogenannte liposomale Sun-Blocker bleiben auch bei starkem Schwitzen auf der Haut und laufen so weder in die Augen, noch müssen sie ständig erneuert werden.

Hitzeregeln für den Wettkampf

- Nutzen Sie jeden Schwamm, der Ihnen angeboten wird, und schieben Sie ihn sich unter die Mütze. So halten Sie den Nacken kühl, was besonders wichtig ist.

- Passen Sie Ihre Tempotabelle der Außentemperatur an.
- Versuchen Sie, auch auf der Strecke isotonische Getränke zu bekommen. Sie werden schneller vom Körper aufgenommen.
- Reisen Sie frühzeitig an, wenn Sie in einer deutlich wärmeren Region laufen wollen.
- Vergessen Sie die Sonnencreme nicht!

HITZETIPPS

- Haben Sie genug getrunken?
- Urintest: Der Urin sollte hellgelb bis farblos sein. Dadurch können Sie sicher sein, dass Sie ausreichend hydriert sind.
- Trinken, wenn der Durst kommt: Wie viel Flüssigkeit Sie brauchen, ist individuell sehr unterschiedlich. So banal es klingt – trinken Sie im Wettkampf, sobald Sie Durst haben. Achten Sie jedoch darauf, dass Sie auch an den Tagen vor dem Wettkampf ausreichend Flüssigkeit zu sich genommen haben.

Laufen bei Kälte

Wann Kälte als Kälte empfunden wird, ist individuell sehr unterschiedlich. Kommt zur Kälte noch Wind dazu, geht sie durch Mark und Bein. Bei der Wahl der Kleidung gilt das sogenannte Zwiebelprinzip – schichten Sie unterschiedliche Kleidungsstücke übereinander, sodass Sie sich bei Bedarf quasi entblättern können. Wichtig ist, dass es sich um atmungsaktive Kleidungsstücke (Funktionskleidung) handelt, sodass die Nässe nach außen abtransportiert werden kann.

Ausrüstungstipps

Im Wettkampf kann es sehr nützlich sein, bei zweifelhaften Temperaturen in der Übergangszeit mit Ärmlingen an den Start zu gehen. Üblicherweise werden sie im Radsport eingesetzt, können aber auch beim Laufen nützlich sein. Ärmlinge lassen sich leicht ausziehen, wenn es warm werden sollte.

Wenn es richtig kalt wird, gehören Handschuhe und Mütze zur Grundausstattung. Bei Läufen in abgelegenen Gebieten sollten Sie unbedingt eine Rettungsdecke und Ihr Handy dabeihaben. Rettungsdecken sind sehr leichte, alubeschichtete Folien, die vor Auskühlen und Nässe schützen können. Fußverletzungen, die eigentlich harmlos sind, können sonst sehr schnell lebensbedrohlich werden, da der vom Laufen erhitzte Körper schnell auskühlt.

In einem kleinen Laufrucksack können bequem eine Rettungsdecke, das Handy und vielleicht sogar etwas warmer Tee eingepackt werden.

Die Atmung

Bei starken Belastungen bei niedrigen Temperaturen kann es nach dem Lauf zu heftigen Reizhusten-Anfällen kommen. In vielen Fällen handelt es sich um Belastungsasthma – wenn Sie häufiger unter den Symptomen zu leiden haben, kann ein Asthma-Spray hilfreich sein. Wenn Sie kein Spray bei sich haben, kann auch warmer

Windchill-Faktor

Tatsächliche Temperatur	10 °C	5 °C	0 °C	–5 °C	–10 °C	–15 °C	–20 °C
Windgeschwindigkeit	Gefühlte Temperatur [°C]						
10 km/h	8,6	2,7	–3,3	–9,3	–15,3	–21,2	–27,2
15 km/h	7,9	1,7	–4,4	–10,6	–16,7	–22,9	–29,1
20 km/h	7,4	1,1	–5,2	–11,6	–17,9	–24,2	–30,5
25 km/h	6,9	0,5	–5,9	–12,3	–18,8	–25,2	–31,6
30 km/h	6,6	0,1	–6,5	–13,0	–19,5	–26,0	–32,6
35 km/h	6,3	–0,4	–7,0	–13,6	–20,2	–26,8	–33,4
40 km/h	6	–0,7	–7,4	–14,1	–20,8	–27,4	–34,1
45 km/h	5,7	–1,0	–7,8	–14,5	–21,3	–28,0	–34,8
50 km/h	5,5	–1,3	–8,1	–15,0	–21,8	–28,6	–35,4
55 km/h	5,3	–1,6	–8,5	–15,3	–22,2	–29,1	–36,0
60 km/h	5,1	–1,8	–8,8	–15,7	–22,6	–29,5	–36,5

Tee helfen, den Hustenkrampf zu lösen. In jedem Fall sollten Sie mit Ihrem Arzt besprechen, welche Maßnahmen in Ihrem Fall zu ergreifen sind. Bei Temperaturen unter –10 °C sollten Sie durch einen Schal oder ein Tuch dafür sorgen, dass Sie die kalte Luft nicht direkt einatmen. Achten Sie darauf, dass der Schal nicht fusselt, da Sie sonst die Fasern einatmen.

Der Windchill-Faktor

Seit einigen Jahren ist der sogenannte Windchill-Faktor in aller Munde. Der Windchill-Faktor beschreibt die gefühlte Kälte.

Hat es also –5 °C und weht zudem ein heftiger Ostwind mit 15 km/h, so empfinden Sie diese Temperatur wie –10 °C. Für Ihr Training bedeutet dies, dass Sie möglichst gegen den Wind loslaufen sollten und mit dem Wind zurück.

KÄLTETIPPS

- Gegen den Wind starten
- Im Zwiebelprinzip anziehen
- Rettungsdecke für den Notfall
- Mütze und Handschuhe

PRAKTISCHE ERGÄNZUNGEN

Ernährung

Wir alle wissen, wie wichtig unsere Ernährung ist. Warum also ernähren wir uns häufig so falsch? Auch bei diesem Thema geht es um Information und Wissen. Die meisten Menschen glauben, dass sie sich gut ernähren – und der Körper gleicht viel Missbrauch aus. Die Frage ist aber: Könnte es meinem Körper nicht weitaus besser gehen ohne Zusatz- und Konservierungsstoffe? Unser Magen-Darm-System ist sehr komplex und hat mit der menschlichen Entwicklung gelernt, mit sehr wenig auszukommen. Der Mensch ist ein effizienter Nahrungsverwerter und kann sogar lange Hungerperioden überleben. Kurz: Unser Körper lässt sich nicht austricksen – extreme Diäten sind also sinnlos (wenn nicht gefährlich). Nur mit einer gesunden, ausgewogenen Ernährung halten Sie »den Motor« am Laufen.

Bausteine einer ausgewogenen Laufstrategie

Drei einfache Regeln

Natürliche Nährstoffe
Wählen Sie Nährstoffe in ihrer natürlichen Form. Halten Sie sich fern von produzierten und raffinierten Produkten. Greifen Sie immer zu Vollkorn- statt zu Weißbrot (Weißmehle sind raffiniert), zu gekochten Kartoffeln mit Schale statt zu fertigen Pommes, zu Butter statt Margarine etc. Grundsätzlich gilt: Frische, saisonale Produkte sind immer am besten und enthalten mehr Vitamine und Mineralien. Die einfachsten Fragen bringen einen am Weitesten: Ist das Produkt präpariert? Was ist drin? Woher kommt es?

Variation
Menschen sind Gewohnheitstiere – wir tendieren dazu, gedankenlos immer die gleichen Sachen zu essen. Versuchen Sie, Ihren Speiseplan abwechslungsreich zu gestalten und möglichst viel frisches Obst und Gemüse zu integrieren. Aus einer breiten Palette verschiedenster Gerichte ergibt sich auch eine große Auswahl von Nährstoffen.

Maßvoll genießen, Extreme vermeiden
Essen Sie, was Ihnen schmeckt – aber genießen Sie in Maßen. Wenn Sie den Joghurt mit der Vollfett-Stufe einfach lieber mögen, dann essen Sie eben nicht das ganze Glas leer. Vermeiden Sie Extreme wie z. B. nur kohlenhydratarme oder fettarme Kost, den ganzen Tag nichts essen oder radikale Diäten. Genießen Sie ein gutes Fundament gesunder Kost, dann ist es auch in Ordnung, wenn Sie mal über die Stränge schlagen.

Die 5 Basis-Nährstoff-Gruppen

Vollkorn und Speisestärke
Ob Brot, Nudeln oder Grieß – entscheiden Sie sich immer für die Vollkorn-Variante, so bekommt Ihr Körper Kohlenhydrate in ihrer

komplexesten Form. Zwar sind die Weizen-Produkte häufig in der Überzahl, aber es gibt mittlerweile auch viele Auswahlmöglichkeiten – zumal immer mehr Menschen eine Intoleranz gegenüber Gluten (Weizenkleber) entwickeln. Alternativen wie Hirse, Hafer, Quinoa oder Reis sind nicht nur gesund und lecker, sondern auch völlig glutenfrei.

Gemüse

Gemüse ist ebenfalls ein wichtiger Lieferant von Kohlenhydraten, aber auch von Ballaststoffen und Vitaminen. Ob frisch oder tiefgefroren – alle Gemüsesorten haben eine hohe Nährstoff-Dichte und wenig Kalorien. Die besten Zubereitungsmöglichkeiten sind dämpfen, dünsten oder kurz anbraten. Hier gilt: So kurz wie möglich, um den Verlust vom Vitaminen zu verhindern.

Obst

Ist wie Gemüse ein wichtiger Lieferant von Kohlenhydraten, Ballaststoffen und Vitaminen. Die Faustregel: Mindestens ein bis zwei Stück Obst pro Tag. Eine leckere Alternative sind frisch gepresst Säfte. Gekaufte Konzentrate hingegen enthalten meist zu viel Zucker und zu wenig bis keine Ballaststoffe.

Milchprodukte

Milch, Jogurt und Käse sind schnelle und einfache Lieferanten von Proteinen, Vitamin D und Kalzium. Eine Vitamin D- und Kalziumreiche Ernährung mindert die Risiken von Osteoporose, stärkt die Knochen und schützt vor zu hohem Blutdruck. Vitamin D schützt außerdem vor Krebs und Diabetes.

Proteine

Fleisch, Fisch, Eier, Tofu, Nüsse und Bohnen sind gute Proteinquellen. Besonders Läufer brauchen mehr von diesem wichtigen Eiweiß, da dieser Sport den Abbau von Muskelproteinen fördert. Läufer müssen diese Proteine ständig nachliefern, um zu regenerieren. Verzichten Sie bitte trotzdem auf Protein-Shakes und greifen Sie auch hier lieber zu natürlichen Produkten. Auch Vegetarier müssen besonders auf ihren Protein-Haushalt achten.

Die Fettarm-Falle

Ist fettarm wirklich so gesund, wie die Werbung behauptet? Fettfreie oder fettarme Produkte enthalten zwar weniger Fett, dafür aber auch weniger Geschmack (da Fett ein Geschmacksträger ist) und mehr Kohlenhydrate und Zucker – und damit auch mehr Kalorien. Bestimmte Fette und Öle sind gut für uns, liefern wichtige Vitamine und Energie. Besonders wichtig für Sportler ist die Auswirkung von Fettsäuren auf die Blutzuckerspiegelkurve. Butter auf Ihrer Frühstücksemmel hilft, dass der Blutzuckerspiegel nicht zu schnell steigt und Sie damit mehr Energie über einen langen Zeitraum haben.

Süßigkeiten

Schokolade in Maßen ist nicht nur nicht schädlich, sondern eine tolle Nervennahrung – vor allem, wenn sie einen hohen Kakaoanteil hat. Je dunkler, umso besser! Das heißt aber nicht, dass Sie bei Stress gleich eine ganze Tafel verputzen sollen!

Zutaten für ein gesundes und langes Läuferleben

Immer Frühstücken

Das Frühstück ist die wichtigste Mahlzeit des Tages. Sie machen sich ja auch nicht mit dem Auto auf den Weg, ohne zu tanken. Nach einer langen Nacht hat der Körper seine Reserven aufgebraucht. Ohne Frühstück tanken Sie keine Energie – Ihr Blutzuckerspiegel ist im Keller. In Folge steigt die Lust auf Süßes und die Neigung, den ganzen Tag zu snacken. Ein energiegeladenes Frühstück verspricht einen energiegeladenen Tag. Mangelnde Zeit ist eine müde Ausrede. Die Zeit, die Sie ins Frühstück investieren, gleichen Sie durch Konzentration, Effizienz und Power locker aus.

Das beste Frühstück hat 3 Komponenten

1. Komplexe Kohlenhydrate (langfristige Energiespender) wie Haferflocken oder Müsli
2. Milchprodukte (Protein- und Fettlieferanten) wie Milch, Joghurt oder Soya-Milch
3. Obst für Vitamine und Ballaststoffe, im Idealfall saisonal

Wichtige Vitamine für Läufer

Vitamin	Mangelerscheinungen	Wirkung	Vorkommen
A	Nachtblindheit, Schleimhautschäden	Gut für Augen, Haut und Knochen; antioxidativ, krebsvorbeugend	Karotte, Kürbis, Kohl, Mango, Leber, Ei
D	Weiche Knochen	Essentiell für Kalziumaufnahme, starke Zähne und Knochen	Fischleberöl, Seefisch, Ei, Butter, Milch
E	Blutarmut	antioxidativ	Olivenöl, Nüsse
C	Ermüdung, Muskelschmerz	Immunstärkend, antioxidativ	Zitrusfrüchte, Johannisbeeren, Gemüse z. B. Paprika
B1	Muskelkrämpfe	Wichtiger Faktor im Fett- und Kohlenhydrat-Stoffwechsel	Erbsen, Spinat, Leber, Vollkornbrot
B2	Entzündete Lippen, oder Mundschleimhaut	Wichtiger Faktor im Fett-, Protein- und Kohlenhydrat-Stoffwechsel	Hefe, Milch, Leber, Fisch, Fleisch
B6	Fettige/schuppige Hautentzündungen	Wichtig für Eiweiß- und Fettstoffwechsel, insbesondere für den Abbau von Eiweiß und Fett	Fleisch, Leber, Bananen, Avocado, Lachs
B12	Störung der Bildung von roter Blutzellen	Wichtig für Protein-Stoffwechsel, insbesondere für den Eiweiß-Abbau	Leber, Fleisch, Ei, Milch
Folsäure	Blutarmut	Wichtig für Zell-Regeneration	Tomaten, Gurke, Kohl, Kartoffeln, Orangen, Spinat, Salat

Mineralien für Läufer

Mineral	Wirkung	Vorkommen
Natrium	Ausgleich von Flüssigkeitsverlust	Speisesalz, gesalzene Lebensmittel
Kalium	Gegenspieler von Natrium, Ausgleich von Flüssigkeitsverlust	Fleisch, Tomaten, Bananen, Bierhefe, Kakaopulver und Hülsenfrüchte
Magnesium	Stärkt die Knochen, Ausgleich von Flüssigkeitsverlust	Vollkorngetreide, Nüsse, Sesam-/Sonnenblumenkerne, Hülsenfrüchte und Spinat.
Kalzium	Stärkt Knochen und Zähne, Gegenspieler von Magnesium	Milch, Milchprodukte, Brokkoli, Spinat, Orangen und Hülsenfrüchte.
Eisen	Sauerstofftransport	Fleisch, Fisch, Vollkorn, Getreide und Hülsenfrüchte
Zink	Stärkung des Immunsystems	Fleisch, Fisch, Ei, Nüsse und Austern
Silizium	Schutz der Sehnen und Gelenke	Kieselsäure, Vollkornreis, Hafer und Ackerschachtelhalm
Selen	Stärkung des Immunsystems	Vollkornreis, Fisch, Ei und Austern

Essentielle Öle

Der Glaube »Fette machen fett« ist so nicht richtig. Fett ist per se gut für uns – es geht um die Mengen und um die Art von Fetten oder Fettsäuren. Der Körper kann seine eigenen Fettsäuren herstellen, bis auf die essentiellen Fettsäuren Omega 6 und Omega 3. Beide stehen im Wettbewerb um dieselben Enzyme im Körper: Omega 3 produziert entzündungshemmende Abbauprodukte, Omega 6 entzündungsfördernde. Bei der heutigen Ernährung kommt es zu einem Verhältnis von 1: 10–20 – Omega 6 wird überversorgt. Empfohlen wird ein Verhältnis von 1:4–6. Erreichbar ist dies durch regelmäßigen Verzehr von Leinsamen oder Fischfetten und die Vermeidung übermäßigen Konsums von Pflanzenölen wie Distel-, Sonnenblumenöl oder Margarine. Die Aufnahme der richtigen Fette ist für Läufer wichtig, um Verletzungen vorzubeugen und eine schnellere Erholung zu befördern.

Ballaststoffe

Das moderne Essverhalten liefert zu wenige Ballaststoffe. Alles ist raffiniert, produziert und in vielen Fertigprodukten werden gesunde Ballaststoffe durch günstige Füllstoffe ersetzt. Aber auch der wachsende Vollkorn-Trend der deutschen Küche kann das nicht ausgleichen. Die wichtigen Ballaststoff-Lieferanten Obst, Gemüse und Linsen werden immer noch zu häufig vergessen. Für Läufer sind sie aber besonders wichtig, da sie den Blutzuckerverlauf nach einer Mahlzeit regulieren.

Obst und Gemüse für sekundäre Pflanzenstoffe

Pflanzen produzieren Kohlenhydrate, Ballaststoffe, Fette und Proteine im sogenannten primären Stoffwechsel, aber auch viele verschiedene Substanzen im sekundären Stoffwechsel, genannt sekundäre Pflanzenstoffe. Diese Nebenprodukte haben überwiegend positive Effekte auf den menschlichen Körper: Sie wirken antioxidativ, krebsvorbeugend, Cholesterin senkend und unterstützen das Immunsystem. Läufern helfen sie bei der Vorbeugung von Verletzungen und einer schnelleren Regeneration.

Vitamine

Deutliche Unterversorgung durch den Mangel eines bestimmten Vitamins ist bei uns selten anzutreffen. Symptome einer leichten Untervorsorgung sind schwieriger zu erkennen. Tendenziell neigen die Deutschen zu Mangel an Vitamin D, Folsäure und Pantothensäure. Besonders Folsäure gilt als bedenklich, sie ist z. B. in grünem Gemüse und Leber enthalten.

Der Flüssigkeitshaushalt

Dehydrierung und Leistungsverlust

Flüssigkeitsverlust verringert die Leistungsfähigkeit (bereits ab 2 % des Körpergewichts). Da die Menge von Läufer zu Läufer bei gleicher Belastung verschieden ist, sollten Sie Ihre Schweißrate testen: Stellen Sie sich vor dem Lauf nackt auf die Waage und notieren Sie Ihr Gewicht. Ausnahme: vor einem schneller Dauerlauf von einer Stunde bitte mit Bekleidung! Nach dem Lauf abtrocknen und erneut nackt wiegen – die Gewichtsdifferenz entspricht dem Flüssigkeitsverlust. Helfen Sie sich mit einem Messbecher, um auch wirklich die notwendigen 80 bis 100 % der verlorenen Flüssigkeit zu ersetzen.

Trinken im Training und im Wettkampf

Das Ziel ist immer, Training oder Wettkampf mit einem ausgewogenen Flüssigkeitshaushalt und ohne Defizit aus der letzten Trainingseinheit anzutreten. Füllen Sie Ihre Flüssigkeitsdepots mindestens 4 Stunden vorher mit 5–7 ml pro kg Körpergewicht auf (also 375–500 ml bei einem 75 kg schweren Mann, 300–400 ml bei einer 60 kg schweren Frau). Natrium hilft, Flüssigkeit zu speichern, essen Sie zu Ihrem Getränk am besten einen salzigen Snack. Kurz vor dem Wettkampf trinken Sie nochmals – aber nicht mehr als 200–300 ml. Während des Wettkampfs ist es wichtig, Ihre Schweißrate zu kennen, um nicht unter die 2 % zu kommen. Trinken Sie in kleinen Schlucken und dafür häufiger, idealerweise ein Getränk mit Natrium (gegen den Durst), Kalium (um den Flüssigkeitsverlust auszugleichen) und Kohlenhydraten (als Energiespender).

Die richtige Dosierung

Der Körper kann nur eine bestimmte Flüssigkeitsmenge aufnehmen. Wird diese überschritten, muss man im Normalfall nur häufiger aufs WC. Im Extremfall aber kann es zu einer Hyponatriämie führen – der Natriumspiegel im Blut sinkt auf ein zu niedriges Niveau. Daher gilt vor dem Training oder Wettkampf: Trinken Sie nicht zu viel und essen Sie etwas Salziges.

Die richtigen Getränke
Für den Alltag reicht normales Wasser. Für das Training sollten Sie auf jeden Fall zu Getränken ohne Kohlensäure greifen. Auch Getränke mit Süßstoff sind gänzlich ungeeignet. Achten Sie darauf, dass Ihr Getränk die drei wichtigen Zutaten enthält: Natrium (Salz), Kalium (Mineralwasser) und Kohlenhydrate (Zucker).

Essen vor dem Wettbewerb
Ein Snack vor dem Training hat vier Funktionen: Er verhindert Unterzucker, beruhigt den Magen, spendet Energie und stärkt die Psyche. Viele Leute befürchten Magenbeschwerden, wenn sie vor dem Wettbewerb essen und hier gibt es leider kein Patentrezept. Man muss verschiedene Speisen und Essenszeiten ausprobieren. Wegen der Auf- und Abbewegung leiden Läufer häufiger unter Magen-Darm-Beschwerden als andere Sportler, aber man kann auch den Magen trainieren. Fangen Sie hierfür mit kleinen Mengen leichter Kost an und trinken Sie immer etwas dazu.

Die richtig Ernährung zum richtigen Zeitpunkt
Um für die gesamte Wettbewerbszeit Energie zu tanken, liegt der Trick darin, vorher zum richtigen Zeitpunkt das richtige zu essen. Ein paar Beispiele:

Zeit: 7:00 Uhr Trainingslauf
Essen: Am Tag vorher ausreichend trinken. Am Abend davor eine kohlenhydratreiche Mahlzeit mit Salat. Morgens um 5:00 Uhr ein leichtes Frühstück (200–400 Kalorien). Wenn Ihnen das zu früh ist, frühstücken Sie kurz vor dem einschlafen.

Zeit: 10:00 Uhr Wettbewerb 10 km
Essen: Am Tag vorher ausreichend trinken. Am Abend davor eine kohlenhydratreiche Mahlzeit mit Salat. Morgens um 7:00 Uhr Ihr gewohntes Wettbewerbs-Frühstück mit 3 Stunden Zeit für die Verdauung.

Zeit: 12:00 Uhr Training
Essen: Am Tag vorher ausreichend trinken. Am Abend davor eine kohlenhydratreiche Mahlzeit mit Salat. Normales Frühstück und ein weiterer Snack um 10:00 Uhr.

Zeit: 18:30 Training
Essen: Am Tag vorher ausreichend trinken. Normales Frühstück, ein warmes Mittagessen, ein weiterer Snack vor 16:00 Uhr.

Magen-Darm-Beschwerden
Falls Sie dazu neigen, hier ein paar Tipps: Essen Sie in den Tagen vor einem Wettbewerb mehr als normal – besonders nach dem letzten Training. So füllen Sie Ihre Glykogen-Speicher. Besonders wichtig ist, dass Sie ausreichend trinken, da Dehydrierung ein Faktor bei Magenbeschwerden ist. Planen Sie am Tag des Wettbewerbs genug Zeit zum Frühstücken und für die Verdauung ein. Entspannen Sie sich! Und wenn Sie wirklich nichts runter bekommen, kön-

nen Sie immer noch auf Ihre Reserven zurückgreifen. Trinken jedoch ist unverzichtbar! Ebenso wichtig ist Natrium, also versuchen Sie, 3 Stunden vor dem Wettbewerb zu Ihrem Sportgetränk z. B. ein paar Salzstangen zu essen. Beruhigend für den Magen ist auch ein lang gezogener schwarzen Tee etwa 1 Stunde vor dem Lauf. Sehr süße Snacks und Energie-Riegel sind ungeeignet, weil der Zucker die Produktion der Magensäure fördert. Vermeiden Sie auch magnesiumhaltige Getränke und Snacks.

Essen während des Wettbewerbs

Dieser Punkt betrifft nur Strecken über 90 Minuten und ist wichtiger für Anfänger oder langsame Läufer, da diese noch nicht den Trainingstand haben oder länger unterwegs sind. Für einen normalen Blutzuckerwert müssen sich Schweißverluste und gebrauchte Energie die Waage halten. Wenn Sie den berüchtigten toten Punkt überwinden wollen, müssen Sie ein Gefühl dafür entwickeln, wie Ihr Körper gerade versorgt ist.

Krampfbekämpfung

Die exakten Ursachen von Krämpfen sind immer noch ein Rätsel, zwei signifikante Faktoren sind jedoch Ermüdung und Dehydrierung. Ein weiterer möglicher Grund ist ein Ungleichgewicht im Elektrolythaushalt. Hierfür sind die Mineralien Kalzium, Kalium, Natrium und Magnesium zuständig. Zur Anspannung und Entspannung brauchen die Muskeln Kalzium und Magnesium. Sind diese beiden Mineralien nicht im Gleichgewicht, können Krämpfe das Ergebnis sein.

Regenerative Ernährung

Die erste Priorität nach dem Laufen: Ersetzen Sie die verlorene Flüssigkeit. Die zweite ist, die Glykogen-Speicher in Muskeln und Leber wieder aufzufüllen. Diese Speicher sind in der ersten Stunde nach der Belastung besonders empfänglich. Nutzen Sie diese magische Stunde, indem Sie z. B eine Sportschorle trinken – Sie brauchen auf jeden Fall viele Kohlenhydrate und Mineralien. Auch die nächste Mahlzeit sollte kohlenhydratreich sein – nicht nur Reis und Nudeln, sondern auch viel Gemüse (mindestens im Verhältnis 50/50) und 10 % Proteine. Zur Regeneration braucht Ihr Körper viele Vitamine und Mineralien, Proteine sind gut für die Muskeln.

Bergmarathon Klassiker

Die Entscheidung ist gefallen – Sie möchten einen Bergmarathon bestreiten. Aber welchen? Ein Tipp vorweg: Entscheiden Sie sich frühzeitig! Die Startplätze bei Bergmarathons sind stark limitiert und oft in wenigen Tagen ausgebucht.

Hochalpines Gelände

Jungfrau Marathon/Schweiz
Ein Marathon mit beeindruckenden Dimensionen durch das berühmte Dreigestirn der Alpen: Eiger, Mönch und Jungfrau. Einer der Höhepunkte im Berglauf.
Termin: Anfang September
Strecke: 42,195 km/1829 Höhenmeter Anstieg/309 Höhenmeter Abstieg
Teilnehmer: limitiert auf 4000 Läufer

Zermatt Marathon/Schweiz
Die Verlockung des Matterhorns führt vom tiefsten Tal der Schweiz über Zermatt, umgeben von zahlreichen Viertausendern, auf den 2585 Meter hoch gelegenen Riffelberg am Gornergrat. Dieser Marathon gehört zu den schwersten in Europa … auf den letzten Kilometern warten noch einmal 400 Höhenmeter Anstieg.
Termin: Juli
Strecke: 42,195 km/1944 Höhenmeter Anstieg/444 Höhenmeter Abstieg

Mont Blanc Marathon/Frankreich
Ein halb-autonomer Bergtrail-Lauf am Fuße des gigantischen »Weißen Riesen«, bei dem man etliche Höhenmeter überwindet – aufwärts wie abwärts. Die Trails sind immer eine Reise wert und die Franzosen machen aus jedem Berglauf ein Fest.
Termin: Juni
Strecke: 42,195 km/2511 Höhenmeter Anstieg/1490 Hm Abstieg

Swiss Alpin Marathon Davos/Schweiz
Hier findet jeder Bergläufer eine geeignete Distanz für sich. Vom Einsteiger auf 21 km bis zum Ultraläufer mit 78 km und etlichen Höhendifferenzen. Aber auch die kurzen Distanzen sind nicht zu unterschätzen. Alpine Erfahrung ist von Vorteil.
Termin: Ende Juli

Graubünden Marathon
Die Strecke wird vom Veranstalter als härtester Marathon der Welt bezeichnet, ist extrem abwechslungsreich und anspruchsvoll. Man startet im sommerlichen Chur auf 590 m und läuft hinauf in winterliche Regionen aus Fels und Eis auf 2865 m Höhe. Dabei sind die ersten 32 km noch eher gemütlich und führen über Natur- und Asphaltwege, gefolgt von zähen Bergwegen mit insgesamt 1400 Höhenmetern im Anstieg.
Termin: Ende Juni
Strecke: 42,195 km/2727 Höhenmeter Anstieg/452 Höhenmeter Abstieg

PRAKTISCHE ERGÄNZUNGEN

Die besten Übungen für Läufer

Um schnell und verletzungsfrei laufen zu können, sind Koordination, Beweglichkeit und Rumpfstabilität gefragt.

Auf den folgenden Seiten finden Sie Übungen, die diese Bereiche des Körpers besonders trainieren.

Koordination

KOORDINATION

147

Dynamik

DYNAMIK

149

PRAKTISCHE ERGÄNZUNGEN

Flexibilität

FLEXIBILITÄT

151

PRAKTISCHE ERGÄNZUNGEN

Stabilisierung

STABILISIERUNG

153

PRAKTISCHE ERGÄNZUNGEN

Lauf-ABC

LAUF-ABC

Stichwortverzeichnis

Accessoires 97
aerober Stoffwechsel 33
allgemeine Grundlagenphase 40
alpine Gefahren 63
alternative Trainingsformen 16
alternatives Training 49
Alternativtraining 50
anaerobe Schwelle 46
anaerober Stoffwechsel 33
Anforderungsprofil 61
Anti-Pronationsstütze 92
Aquajogging 51
Armeinsatz 67
Athletiktraining 20
Ausdauerleistung 67
Ausdauertraining 32

Babyjogger 99
Barfußschuhe 92
Bergab laufen 67
Bergauf laufen 68
Berglauftechnik 66
Berglauftraining 66
Bergmarathon 58, 144 f.
Beweglichkeit 22
Biorhythmus 133
Bremsläufer 108
Brustgurt 96

Conconi-Test 47
Coretraining 22

Dauermethoden 36
Dehnung 29
Depressionen 86
Die 10 Lauf-Gebote 12
Die Tage danach 109
Downhill-Passagen 61
Dynamik 21, 148 f.

Einfache Pulsuhr 96
Einflussfaktoren 18
einzelne Trainingseinheit 41
Ermüdung 32
Ernährung 138 ff.
Essstörungen 86

Fettverbrennung 35
Flexibilität 21, 28, 150 f.
FootPod 96
Funktionale Kraft 21
Fußaufsatz 25

Gamaschen 97
Gedanken-Stop-Übung 84
Glykogenspeicher 35
Gore-Tex-Schuh 94
GPS-Gerät 65
Grundlagenausdauertraining 14

Herzfrequenz 15
Hitze 134

Imaginationsübung 85
Individuelle anaerobe Schwelle (IANS) 35

individuelle Zielsetzung 12
Intervallmethoden 36
Intervalltraining 132

Kälte 136
Kleidung 94
Koordination 14, 21, 22, 24, 152 f.
Kopfhaltung 25
Körperkernstabilität 25
Körperstabilität 67
Krisenintervention 86

Laktat-Stufendiagnostik 47
Lauf-ABC 154 f.
Läufer auf der Couch 86
Laufintensität 45
Laufrucksack 98
Laufschuhe 90
Laufsensor 96
Laufsocken 95
Lauftechnik 24
Laufuhren 96
Laufumfang 44
Leistungsmotivation 76, 78
Leistungsvoraussetzungen 18
Lightweight-Trainer 91

Marathon-Drehbuch 82
Maßnahmen bei Übertraining 54
maximale Herzfrequenz 46
maximale Sauerstoffaufnahme 34

STICHWORTVERZEICHNIS

Medikamente 87
Menopause 113
Mobiltelefon 63
Motivationseinbruch 78
Motivationsförderung 76
Motivationstipps 81
Movement Preparation 29, 42
muskuläre Dynamik 22

Nordic-Running 51
Notfallausrüstung 72
Notfallpfeife 63
Notreserve 63

Objektive Risiken 71
Offroad-Laufen 64
Osteoporose 113

Pflichtausrüstung 72
Pronation 93

Rad-Cross 51
Radtraining 50
Regeneration 12, 51
Regenerationszeit 16
Renntaktik 108
Rettungsdecke 63

Schlafstörungen 76
Schmerzmittel 110
Schneeketten/Spikes 98
Schrittgeschwindigkeit 67
Schutzschild-Übung 85
Schwangerschaft 112
Schwimmen 50
Sicherheitsvorkehrungen 100

Ski-Langlauf 51
Sondermodelle 92
Sonnenbrille 98
spezielle Grundlagenphase 40
spezielle Vorbereitungsphase 40
Spiro-Ergometrie 49
Sportpsychologie 76
Sportsucht 76
Stabil-Schuh 92
Stabilisierung 76, 146 f.
Stabilität 14, 21
Steigerungen im Training 12
Stimmungsschwankungen 87
Stirnlampe 63, 97
Straßen-Trainingsschuh 91
Streckenprofil 69
Stretching 28
subjektive Risiken 71
Supination 93

Talent 19
Tape 63
Technik 24
Tempotabelle 132
topographische Karte 65
Trailrunning 62
Trainingsbelastung 44
Trainingsformen 37
Trainingspläne 116 ff.
Trainingsplanung 38
Trainingsreiz 15
Trainingssteuerung 46
Trainingstagebuch 38, 100
Trainingszyklus 14

Trinkgürtel 98
Trinkrucksack 65
Tunnelblick 84

Übertraining 54
Uhr mit GPS 97

Verpflegung 71

Wärmende Kleidung 63
Wetter 70
Wettkampf 103 ff.
Wettkampfort 107
Wettkampfschuhe 90
Wettkampftag 107
Wettkampftasche 106
Wettkampftempo 70
Wettkampfvorbereitung 82, 104
Wiederholungsmethoden 37
Windchill-Faktor 137

Zeitliche Einschätzung 69
Zugläufer 108

Literatur und Links

Links

Lauflinks
http://www.runnersworld.de
http://www.joggen-online.de
http://www.greif.de/marathon-taktik-berechnen.html (Laufzeitbändchen)

Aktuelle Termine von Frauenläufen
http://womensrun.runnersworld.de/
http://www.frauen-lauf.de
oder unter dem Stichwort »Avon Frauen-lauf«

Spannende Artikel zum Thema Trailrunning
http://www.trailmagazin.de

Literatur
Beckmann, Jürgen; Elbe, Anne-Marie: Praxis der Sportpsychologie im Wettkampf und Leistungssport. 2008. Spitta Verlag.
Loehr, James: Die neue mentale Stärke. 2010. BLV Verlag
Weineck, Jürgen: Sportbiologie. 10., überarbeitete und erweiterte Auflage. Balingen, 2010. Spitta Verlag

IMPRESSUM

Bibliografische Information der Deutschen Nationalbibliothek
Die Deutsche Nationalbibliothek verzeichnet diese Publikation in der Deutschen Nationalbibliografie; detaillierte bibliografische Daten sind im Internet über http://dnb.d-nb.de abrufbar.

BLV Buchverlag GmbH & Co. KG
80797 München
© 2011 BLV Buchverlag GmbH & Co. KG, München

Das Werk einschließlich aller seiner Teile ist urheberrechtlich geschützt. Jede Verwertung außerhalb der engen Grenzen des Urheberrechtsgesetzes ist ohne Zustimmung des Verlags unzulässig und strafbar. Das gilt insbesondere für Vervielfältigungen, Übersetzungen, Mikroverfilmungen und die Einspeicherung und Verarbeitung in elektronischen Systemen.

Hinweis
Das vorliegende Buch wurde sorgfältig erarbeitet. Dennoch erfolgen alle Angaben ohne Gewähr. Weder Autoren noch Verlag können für eventuelle Nachteile oder Schäden, die aus den im Buch vorgestellten Informationen resultieren, eine Haftung übernehmen.

Bildnachweis:
Büttner, Brigitte: S. 1, 14, 17, 55, 87, 105, 114/115, 144
Fath, Bethel: S. 7, 38, 77, 79, 83, 146–153
Fengler, Klaus: S. 9, 66, 114
Garmin Deutschland GmbH: S. 96
Getty Images: S. 2/3, 102/103
Imago Sportfotodienst: S. 10/11, 49, 74/75, 110
Petzl, Frankreich: S. 97
Polar Electro Deutschland GmbH: S. 96
Repke, Stefan: S. 7, 56/57, 61, 64, 65, 95, 102
Ruscher, Klaus: S. 7, 24, 43, 44, 90, 91, 92, 93, 154, 155
Salomon.com: S. 97, 98
Seer, Ulli: S. 23, 28, 30, 31, 88
Seitz, Rita: S. 32, 80

Grafiken: Jörg Mair, München

Umschlagfotos:
Vorderseite: Ralf Graner
Rückseite: Klaus Fengler

Lektorat: Dr. Margit Roth, Sandra Hachmann
Herstellung: Angelika Tröger
DTP: Satz+Layout Peter Fruth GmbH, München

Gedruckt auf chlorfrei gebleichtem Papier

Printed in Germany
ISBN 978-3-8354-0728-2

Bewusster, schneller und gesünder laufen

Wolfgang Bunz
Perfekte Lauftechnik
Die Laufzeit verbessern – Verletzungen vermeiden: Analysen und Übungen für die verschiedenen Trainingsphasen · Einzelne Körperbereiche und ihr Einfluss auf den kraftvoll-fließenden Laufstil · Trainingsplanung und -durchführung.
ISBN 978-3-8354-0759-6

www.blv.de